U0541783

张欢　任婧玲 ◎ 著

灾害救助政策评估
——以灾民为中心的新框架

Disaster Relief Policy Evaluation:
A New Framework
Centering on Victims

社会科学文献出版社
SOCIAL SCIENCES ACADEMIC PRESS (CHINA)

序　言

张欢等的新著《灾害救助政策评估——以灾民为中心的新框架》是国内第一本关于灾害救助评估的专著，也是北京师范大学社会发展与公共政策学院社会政策团队的又一重要成果。本书贯彻了以实证为基础的公共政策分析和研究的思想，立足于中国灾害救助政策的实践需求，结合公共政策评估的理论前沿，不仅为我国灾害救助政策相关评估工作的开展提供了创新思路和可操作框架，而且对于推动我国社会政策的进一步发展亦有积极的意义。

张欢副教授在政策评估方面有一定的积累。21世纪以来，他一直关注应急管理评估，在这一领域耕耘，而汶川地震的救灾过程成为他学术积累的重要契机。2008年5月16日，汶川地震的第四天，由国家减灾委专家委员会、教育部—民政部减灾与应急管理研究院、北京师范大学发起，联合四川大学等组织防灾减灾、应急管理、心理学、教育学、公共政策等相关方面的专家，成立了汶川地震应对政策专家行动组（Wenchuan Earthquake Taskforce，WET）。行动组采取参与式观察和连接式研究的方法，安排相关专家进驻地震灾区，建立现场实践平台、北京研究平台、国际交流平台和信息网络平台。张欢副教授参加了这一组织，负责研究、统筹工作，在灾区断断续续工作了三个月。之后，2010年玉树地震，张欢又两次赴灾区进行调研。2010年，他出版专著《应急管理评估》。灾害救助政策评估是应急管理评估的一个组成部分，可以说，本书的出版，是他这些年参与救灾实践、实地考察调研的学术总结。

在本书即将付梓之际，围绕此书，我想着重谈两个问题，即作者问题意识的由来和框架合理性的依据。

第一，问题意识的由来。

作者为什么要构建新的灾害救助政策的评估框架呢？因为他感到原有的框架已经落后于政策实践了。具体来说，其一，原有的单单以金额和物资投放水平来衡量灾害救助政策的评估框架已不适合新的灾害救助实践了。我们传统的灾害救助评估框架是围绕救灾金额和救灾投放的物资总量来设计的。但是，汶川地震发生后，我国灾害救助政策发生了跨越式变迁，救灾力度大幅度提高，救助手段也大为丰富。因此，单一的救助总金额、物资总量的指标就不能充分反映政府实施救助政策的努力，也即失去了测度政策质量的敏感度和匹配性。其二，客观上，受助灾民对于高投入政策的低肯定度的反应，又从另一个侧面表明现有的评估框架已经失效。基于对以上两个方面的认识，作者意识到，灾害救助的评估框架，需要从过去的单纯关注物，转向既关注物也关注人的双重视角。于是，作者构建了以灾民为中心的灾害救助评估理论，并设计了相应的评估框架。

那么，作者进行这一研究的问题意识的由来是什么呢？

作者的问题意识来自作者深入灾区、参与救灾活动的实践，而这一实践又基于他们对民生的关切和对事业的执着。张欢参与的汶川地震专家行动组工作和玉树地震的调研工作，使其对灾害带来的损失、对民众生活心理的冲击、受灾民众的需求，以及灾害救助政策的实施效果有深切的体会和丰富的认知。正是基于这些实践，作者才深深体悟到更新既有灾害救助评估体系的必要性。实际上，张欢的这一风格，生动地体现了北京师范大学社会发展与公共政策学院所提倡的学风，即情系民瘼，立足实际。

第二，新评估框架的合理性是什么？也即作者构建新评估框架的依据是什么？框架的效度又如何？

作者所构建的关于灾害救助政策的两个评估框架，即生活质量框架和公平感框架，其合理性有三。其一，基于对社会政策以人为本和公平的根本价值的理解。其二，借鉴相关的前沿理论，将生活质量理论和公平感理论作为框架的两个基本的理论基石。其三，对受灾群众需求的感知。这一点十分宝贵。我们知道，灾害救助政策的评估，特别需要对受灾群众的需求敏感，而受灾群体是处于一种特殊的社会环境之中的：他们突然面临巨大的生命财产损失，其生活状况和心理状态都与平时迥不相同，相应地，其生活需求和心理需求也有特殊性。因此，灾害救助政策的绩效，必须格外强调对受灾群众的综合性评价和受灾群众自身的主观评价。这里，综合性评价特指对受灾群体生活质量的评价；主观评价则是受灾群体主观感受中最为重要的对于政策公平性的评价。正是基于这一认识，作者构建了关于灾害救助政策的生活质量框架和公平感框架。

构建了两个评估框架后，作者使用它们，利用北京师范大学社会发展与公共政策学院2008年7月在汶川地震灾区、2010年8月在玉树地震灾区入户问卷调查的数据，对两次地震的救助政策分别进行了评估。这不仅使我们从一个角度看到汶川地震和玉树地震灾害救助政策的效果，而且还检验了两个评估框架的效度。

这样，作者构建的新框架，既有理论依据，又经历了通过数据分析对其效度的检验，从而验证了框架的合理性。

可以说，这本专著不仅对理解中国当代灾害救助政策有宝贵的学术贡献，对中国灾害救助政策实践有重要的参考价值，而且对于一般社会政策的政策评估而言，也具有理论和方法的创新意义。进而言之，它对于社会政策的设计，也具有明显的建设性。

当然，由于本书是我国第一部灾害救助政策评估的专著，其不足之处在所难免，故此，也诚望得到方家的指正。

张秀兰
2013年10月于北京师范大学

目 录

第一章 导论：灾害救助评估的创新 ·········· 1
  一 灾害救助 ·········· 1
  二 中国灾害救助政策的发展历史 ·········· 4
  三 灾害救助政策评估的新要求 ·········· 17
  四 本书的整体结构和贡献 ·········· 20

第二章 基于灾民生活质量的救助政策评估：理论框架及汶川和玉树地震的对比研究 ·········· 23
  一 生活质量的概念 ·········· 24
  二 灾害救助评估的生活质量分析框架 ·········· 32
  三 背景：汶川地震和玉树地震中的灾害救助 ·········· 35
  四 数据来源和被访者人口学特征 ·········· 40
  五 汶川和玉树地震灾害救助灾民生活质量评估 ·········· 43
  六 讨论和小结 ·········· 50

第三章 公平感研究综述 ·········· 53
  一 公平与公平感 ·········· 54
  二 组织公平 ·········· 58

三　公共政策中公平的研究 ………………………………… 79
　　四　小结 ……………………………………………………… 82

第四章　汶川地震救助政策的公平感 ……………………………… 84
　　一　背景、理论分析和假设 ………………………………… 85
　　二　研究方法和数据来源 …………………………………… 92
　　三　结果分析 ………………………………………………… 93
　　四　进一步讨论 …………………………………………… 105
　　五　小结 …………………………………………………… 107
　　附录 ………………………………………………………… 108

第五章　灾害救助政策公平感的测量：基于玉树地震的研究 …… 119
　　一　灾害救助政策公平感的测量量表设计 ……………… 120
　　二　研究设计和数据情况 ………………………………… 129
　　三　探索性因素分析 ……………………………………… 132
　　四　信度和效度分析 ……………………………………… 144
　　五　讨论和小结 …………………………………………… 148

第六章　公共政策公平感测量的进一步验证 …………………… 151
　　一　验证性因素分析基本思路 …………………………… 152
　　二　汶川地震恢复重建补偿政策与数据来源 …………… 153
　　三　验证性因素分析 ……………………………………… 156
　　四　小结 …………………………………………………… 170

第七章　灾害救助政策公平感对灾区群众的影响 ……………… 172
　　一　灾区群众公平感效果变量的初步讨论 ……………… 173

二　数据来源与描述性统计分析 …………………………… 178
　三　多元线性回归分析 ……………………………………… 183
　四　小结 …………………………………………………… 195

第八章　结语 …………………………………………………… 200
　一　社会政策发展与公共政策评估 ………………………… 200
　二　公共政策公平感 ………………………………………… 203
　三　进一步的研究 …………………………………………… 205

参考文献 ……………………………………………………… 208

后　记 ………………………………………………………… 227

Contents

Chapter One Introduction: Innovation of Disaster

   Relief Policy Evaluation / 1

1.1 Disaster Relief Policy / 1

1.2 The History of Disaster Relief in China / 4

1.3 The New Requirement of Disaster Relief

   Policy Evaluation / 17

1.4 The Structure and Contribution / 20

Chapter Two Disaster Relief Policy Evaluation Based on Quality

   of Victims Life: Theory Framework and

   Comparative Research of the Wenchuan and

   Yushu Earthquake / 23

2.1 The Concept of Quality of Life / 24

2.2 The Framework of Quality of Life on Disaster

   Relief Evaluation / 32

2.3 Background: The Disaster Relief of the Wenchuan and

   Yushu Earthquake / 35

2.4 Data / 40

2.5 The Evaluation of Disaster Relief Based on QOL:
the Comparison between the Wenchuan and
Yushu Earthquake / 43

2.6 Discussion and Conclusion / 50

Chapter Three   The Perceived Justice / 53

3.1 Justice and the Perceived Justice / 54

3.2 The Perceived Justice of Organisation / 58

3.3 The Justice Study in Public Policy / 79

3.4 Conclusion / 82

**Chapter Four   The Perceived Justice of Disaster Relief Policy
on the Wenchuan Earthquake** / 84

4.1 Background, Theory Analysis, and Hypotheses / 85

4.2 Research Method and the Data / 92

4.3 Result Analysis / 93

4.4 Further Discussion / 105

4.5 Conclusion / 107

Appendix / 108

**Chapter Five   Measurement of the Perceived Justice of
Disaster Relief Policy** / 119

5.1 Measurement Scale Design of the Perceived Justice of
Disaster Relief Policy / 120

5.2 Research Design and the Data / 129

5.3 Exploratory Factor Analysis / 132

5.4 Reliability and Validity Analysis /144

5.5 Discussion and Conclusion /148

Chapter Six   The Further Test of the Measurement of the Perceived Justice of Disaster Relief Policy /151

6.1 The Approach of Confirmatory Factor Analysis /152

6.2 Restoration and Reconstruction Compensation Policy of the Wenchuan Earthquake and the Data /153

6.3 Confirmatory Factor Analysis /156

6.4 Conclusion /170

Chapter Seven   The Influences to the Victims of the Perceived Justice of Disaster Relief Policy /172

7.1 Discussion of the Outcome Variables /173

7.2 Data /178

7.3 Multiple Linear Regression Analysis /183

7.4 Conclusion /195

Chapter Eight   Conclusion /200

8.1 Development of the Social Policy and Public Policy Evaluation /200

8.2 The Perceived Justice of Public Policy /203

8.3 The Further Research /205

Main Reference /208

Postscript /227

图目录

图 2-1 汶川地震和玉树地震灾民生活质量比较 …………… 50
图 4-1 灾害救助政策公平感模型 …………………………… 90
图 5-1 公平感探索性因素分析碎石图 ……………………… 136
图 6-1 修正后的公平感模型五 ……………………………… 164

表目录

表 2-1　玉树地震灾害救助政策的主要内容及发放程序 ………… 39
表 2-2　样本人口学特征 …………………………………………… 41
表 2-3　对灾后生活的满意度 ……………………………………… 43
表 2-4　对灾后家庭经济状况的评价 ……………………………… 44
表 2-5　灾后居住条件 ……………………………………………… 44
表 2-6　灾后生活条件 ……………………………………………… 45
表 2-7　灾后医疗和健康状况 ……………………………………… 46
表 2-8　灾后文化生活和信息沟通条件 …………………………… 47
表 2-9　对灾后社区安全的评价 …………………………………… 48
表 2-10　灾后生活质量分维度得分 ………………………………… 49
表 4-1　样本人口学特征 …………………………………………… 92
表 4-2　个人特征与灾害救助政策公平感的相关分析 …………… 94
表 4-3　灾前家庭社会经济状况与灾害救助政策公平感的
　　　　相关分析 …………………………………………………… 95
表 4-4　不同公平维度与灾害救助政策公平感的相关分析 ……… 96
表 4-5　Ordinal Logit 模型使用变量说明 ………………………… 100
表 4-6　Ordinal Logit 模型及结果 ………………………………… 102
附表 4-1　性别和公平感列联表 …………………………………… 108
附表 4-2　婚姻状况和公平感列联表 ……………………………… 109
附表 4-3　宗教信仰和公平感列联表 ……………………………… 109

附表 4-4	教育程度和公平感列联表	110
附表 4-5	年龄分组和公平感列联表	110
附表 4-6	户口类型和公平感列联表	111
附表 4-7	是否低保户和公平感列联表	111
附表 4-8	自评震前经济状况和公平感列联表	111
附表 4-9	震前工作状况和公平感列联表	112
附表 4-10	家里是否有人因灾去世和公平感列联表	112
附表 4-11	原住宅是否损坏（四分）和公平感列联表	113
附表 4-12	原住宅是否损坏（两分）和公平感列联表	113
附表 4-13	救助金（分组）和公平感列联表	113
附表 4-14	灾民期望和公平感列联表	114
附表 4-15	分配方式和公平感列联表	114
附表 4-16	灾民参与救灾活动和公平感列联表	115
附表 4-17	灾民对政府救灾工作评价（四分）和公平感列联表	115
附表 4-18	灾民对政府救灾工作评价（两分）和公平感列联表	116
附表 4-19	大众传媒途径和公平感列联表	116
附表 4-20	人际网络途径和公平感列联表	117
附表 4-21	政府官员途径和公平感列联表	117
附表 4-22	社会传播途径和公平感列联表	117
附表 4-23	不了解政策和公平感列联表	118
附表 4-24	政策信息渠道和公平感列联表	118
表 5-1	公平感维度的四种观点	122
表 5-2	灾害救助政策公平感测量项目	127
表 5-3	玉树地震入户调查数据受访者人口学特征（N=508）	131
表 5-4	公平感测量项目描述统计量（N=508）	133

表 5-5　公平感测量项目临界比率值（CR） ·················· 135
表 5-6　KMO 和 Bartlett 检验 ····································· 136
表 5-7　公平感第一次因素分析因子载荷矩阵（N=508） ······ 137
表 5-8　公平感第二次因素分析因子载荷矩阵（N=508） ······ 138
表 5-9　灾害救助政策公平感测量指标（修改版）及
　　　　信度分析（N=508） ·· 142
表 5-10　效度分析变量的描述统计量（N=508） ·············· 146
表 5-11　灾害救助政策公平感的预测效度分析：以结果
　　　　　满意度为例（N=508） ·································· 147
表 6-1　样本的人口学特征（N=722） ··························· 155
表 6-2　公平感测量项目临界比率值（CR） ··················· 157
表 6-3　公平感测量项目描述统计之一（N=722） ············ 158
表 6-4　公平感测量项目描述统计之二（N=722） ············ 159
表 6-5　公平感测量项目的因素载荷（N=722） ··············· 161
表 6-6　公平感各维度间相关系数 ······························· 162
表 6-7　公平感模型的适配指标 ·································· 165
表 6-8　五个公平感模型的测量项目 ···························· 167
表 6-9　五个公平感模型多种适配指标比较 ···················· 168
表 6-10　公平感问卷的信度分析 ································· 169
表 7-1　受访者公平感效果变量描述统计（N=508） ·········· 179
表 7-2　受访者公平感各维度描述统计（N=508） ············ 180
表 7-3　效果变量相关分析结果（N=508） ····················· 181
表 7-4　公平感维度间相关分析结果（N=508） ··············· 182
表 7-5　效果变量与公平感维度间相关分析结果
　　　　（N=508） ·· 183
表 7-6　公平感对效果变量影响的控制变量（N=508） ······· 184
表 7-7　公平感对效果变量影响的多元回归分析结果
　　　　（N=508） ·· 186

第一章
导论：灾害救助评估的创新

灾害救助是现代国家政府不可推卸的责任。中国灾害救助的历史源远流长，自新中国成立以来，党和政府一直高度重视灾害救助工作，逐步形成了较为完善的灾害救助政策体系。但是由于多方面因素，我国灾害救助的水平一直较低，直至汶川地震、玉树地震等重大灾害发生，政策实践才促使灾害救助水平有了跨越式提升，基本达到了与我国经济社会发展水平相适应的程度。与这种政策变迁相对应，灾害救助评估也需要进行重大创新。

一 灾害救助

任何灾害都涉及三个基本要素：致灾因子，即导致灾害的破坏性能量释放的来源；承灾体，即各种致灾因子作用的对象，包括人类本身、财产和自然资源等；孕灾环境，即孕育产生灾害的自然环境与人文环境（史培军，1991、1996）。由此可见，灾害是与社会密切联系的一个概念。灾害不仅会导致人类生命的损失、财产的破坏以及生活环境的极端变化，而且会造成大量灾民流离失所、生活无着，直接威胁人类社会的生存和发展，因此灾害就其本质而言是一个社会问题，直接导致社会处于一种危险的状态，甚至可能导致社会结构的崩溃，丧失所有或部分功能（Fritz，1961）。相应的，应对灾害也是一项社会性的工作，发生灾害的国家必须采取积极主动的行动来解决灾害问题，包括灾害发生后，组织开展制度化、系统性的灾害救助工作。所谓灾害救助，就是指在灾害发生时及之后的一段时间内，受灾国各级政府、国际社会、红十字会等国际人道组织、企业以及其他社会组织等通过多种方式向直接或间接受灾害影响的人群提供物质、精神及其他必要的帮助，以保证受灾人群能够有效抵御灾害的破坏性影响，延续生存和发展。其中，由于政府是现代社会最重要和支柱性的主体，所以各级政府提供的灾害救助占据了主导地位。广义的灾害并不仅限于自然灾害，但是因为自然灾害在所有灾害中发生频率最高，影响人群最为广泛，综合破坏性最大，所以灾害救助主要指对自然灾害的救助。

在现代社会，灾害应对和灾害救助被视为政府不可推卸的重要责任（Birkland，1997；Lustig，2000；Stehr，2006；Vakis，2006）。当今世界，大多数国家有独立的应对灾害的制度安排和政策法律体系，而且国家实力越强、政府能力越突出，灾害应对和灾害救助的制度体系就越健全。如美国联邦政府在1979年整合上百家应对灾害机构建立的联邦应急管理局（Federal Emergency Management Agency，FEMA），已经成为全面担负联邦层面防灾、减灾、备灾、救灾和灾后恢复等职能的综合系统。FEMA提供的灾害救助项目非常广泛，包括：所有种类应急性物品和服务的救助，如灾后医疗救治，灾后丧葬救助，衣物被服、家具电器、工具以及文具等各类日用品救助，燃料、车辆等生产资料救助，防疫、消毒及清洁等方面的药品和设备救助等；住所方面的救助，如向灾民提供临时房屋、受灾损坏房屋维修或重建的资金救助，乃至永久性住房建设方面的救助；灾害相关服务方面的救助，如危机咨询、失业服务救助、灾后法律服务救助以及税收金融服务救助等①。日本作为重灾大国,是全球较早制定灾害管理基本法的国家,其应对灾害的主要特点是法律体系非常完备,建立了由《灾害对策基本法》、灾害预防和防灾规划、灾害紧急对应、灾后重建和复兴、灾害管理组织五大类数十项相关法律构成的防灾救灾法律体系。其中最为重要的是2000年实施的《灾害对策基本法》,明确了在防灾救灾中,国家、都道府县(相当于中国的省市)、市町村(相当于中国的县乡镇)、地方公共团体和国民的义务,规定政府应该提供相应的金融财政支援,并向国会提交相关防灾计划等。日本对灾害救助也高度重视,制定专门的《灾害救助法》来规范灾害救助工作。日本灾害救助的一大特点是重视对灾民生活重建的援助。印度作为世界上最大的发展中国家之一,也饱受各类灾害折磨,因此印度政府在家庭事务部下设立专门负责灾害管理的机构——国家灾害管理局(National Disaster Management Authority),负责从灾害应对、灾害恢复到灾害风险管理和减灾战略等相关事务。由于印度在应对灾害方面的能力有限,所以印度政府格外强调灾害救助,制定了详细的灾害救助基金政策,每五年对全国的救灾资金投入进行一次预算("救灾资金五年计划"),并管理计划年度内救灾资金的分配和使用。印度政府的灾害救助项目和标准主要具备三个特点:①灾害救助项目较多;②灾害救助标准细致可操作;③近年来灾害救助标准增长幅度大,与2000~2005年相比,印度2005~2010年救助项目的救助标准平均提升幅度达75%(马玉玲,2012)。

中国作为一个多自然灾害国家,长期以来一直非常重视灾害应对处置工作,应对灾害的制度安排源远流长。其中,由政府主导的灾害救助始终是最重要的部分,而灾害救助也始终是政府非常重要的一个工作环节。

---

① 见FEMA相关介绍,http://www.fema.gov/disaster-assistance-available-fema。

二 中国灾害救助政策的发展历史

中国是一个地域广阔、地形复杂且多样的国家,位于世界两大地震带——环太平洋地震带与欧亚地震带的交汇部,地震断裂带十分发达,地震频繁震灾严重;又位于大陆东部和大洋西岸,受到大陆性季风的显著影响,雨热同期,气候复杂多样,气象灾害种类多、频次高,也十分严重;其他自然灾害,如地质、海洋、生物灾害,森林火灾等也多有发生。多自然灾害是中国自古以来就具有的一个特点,加上我国人口密集,据统计现在我国70%以上的城市、50%以上的人口集中在气象、地震、地质、海洋等自然灾害严重的地区。

自远古以来,中华民族生存和发展就一直伴随着与自然灾害的斗争,相应的,灾害救助也源远流长。

(一) 中国古代灾害救助的沿革

从大禹治水起,可以说华夏的历史就是一部抗灾史,历朝历代的兴衰都不断围绕着各种灾害而展开。据《中国救荒史》记述,公元前1766年至公元1936年3700多年间,中国共发生洪水、干旱、瘟疫、地震、冰雹、虫害、暴风和霜冻等自然灾害5258次,约平均6个月一次(邓云特,1993)。甚至,有学者认为中国不同于世界其他地区的文明发展历程,特别是中国两千多年前就走上了大一统的国家形式,并在之后不断治乱循环而不改,根本原因就在于治理水患、应对灾害之需要(卡尔·A. 魏特夫,1989;王亚华,2005)。相应的,中国在历史上很早就形成了多种以封建君主政治和官僚体系为中心的应对灾害的制度或措施,其中不仅有积极的防灾备荒措施,如兴修水利、备灾仓储等,更多的则是灾害发生后的救灾制度,包括赈济、移民就粟、以工代赈、入粟补官、安辑流民、蠲免和放贷等（孙绍骋，2004）。

中国古代的救灾制度可追溯到周朝，《周礼》中记载大司徒的职责之一就是"荒政"，负责灾害发生时"散利"，即发放救灾物资，提供灾害救助。《周礼》长期以来被作为治国为政之经，影响深远，确立了中国"荒政"是为政者不可推卸的责任这一原则。

秦汉以后，中国逐步形成封建官僚机构。汉代，户部掌管民户、农桑，亦需负责与这两者关系密切的救灾事宜，但这一职责尚未非常明确。秦汉的救灾措施还是以沿袭先秦的粮食赈济为主。每当灾害发生时，由皇帝和中央政府诏令，将官仓的粮食发给灾民。紧急情况下，亦有地方官吏通过"矫诏""专命"等非正常方式发放粮食，朝廷往往不予追究。另外，减免税赋也是被广泛使用的救灾措施。隋唐，救灾已被明确设定为户部的职责。这一制度沿袭至宋代。宋代，商品经济发展到了封建时代的一个高峰，灾害救助的内容和范围也达到一个高峰，除了传统的粮食赈济外，以工代赈、以军代赈、钱币赈济和医疗赈济等方式也常常被采用。明代亦由户部执掌救灾的职责，但明代中央财政疲弱，中央政府转移、调剂不同地区间财政资源的能力急剧下降，救灾能力也丧失其根本。在明末北方地区连续大面积灾害的情况下，中央政府无力进行救灾，这是导致明末农民大起义，最终造成明朝灭亡的重要原因。清代承袭明制，但大大提高了中央集权的程度，皇权冠于历代，"荒政"也达到了历代封建王朝的顶峰，形成以皇帝为总体领导，户部筹划组织，地方都抚主持，知府协办，州县官吏具体执行，层次向上负责的救灾组织体系（邹铭，2009）。特别是，清代救灾还经常采取皇帝外派中央官吏主持救灾的方式，形成了一种中央临时差遣重要大臣，统筹救灾事宜的救灾制度。清代吸取了明末农民起义的教训，再加上其作为外族政权力量，格外警惕因灾害造成民变、民乱，所以更加重视对灾民的救助。总体而言，清朝政府对灾民的赈济比以往任何朝代都多。清代救灾措施也较为多样，但经常性的、规模较大的是灾后蠲免钱粮，粮食赈济则以设粥厂为普遍。

总体而言，中国古代灾害救助有如下特点。第一，受生产力和科技发展水平的限制，社会防灾、减灾、应灾的能力薄弱，救灾成为统治者面对频发的灾害所能采取的有限对策之一。第二，虽然秦汉后大一统的国家形式大大提高了社会整体救灾水平，但救灾的实际能力依然十分薄弱。第三，封建王朝的救灾无论是从主观上还是从客观上，其出发点均是以维护封建统治为中心，主要目的不是为了挽救灾民的生命或出于其他人道目的，而是为了防止因灾害造成大量流民，从根基上破坏封建统治秩序。因此，即便在形式和措施上多有传承之处，但古代的灾害救助在本质上与现代灾害救助政策并不相同。

（二）中国近代灾害救助的发展

近代以来，中国逐步沦为半殖民地，主权沦丧，积贫积弱，各类自然灾害越发频繁、严重，但中央政府权威低弱，地方军阀各自为政，救灾制度有名无实。辛亥革命之后，中华民国临时政府在中央成立内务部，一项重要职责就是救灾。地方救灾事宜由民政厅管理。袁世凯就任中华民国临时大总统后，由内务部的民政司负责具体救灾工作。此外，大灾害爆发后，还设立临时救灾机构，如赈灾临时委员会等。北洋军阀政府还以教令形式颁发《赈务处暂行条例》，设立权力很大的赈务处综合管理灾区赈济及善后事宜。南京国民政府成立后，隶属于行政院内政部的民政司负责救灾事务。1931年特大水灾发生后，国民政府成立了救济水灾委员会，处理临时赈济、善后及防灾等事务。国民政府行政院设置的赈济委员会，成为掌管全国赈济行政事务的常设机构，从而在中央一级机构中首次有了明确的专职救灾机构。总体而言，民国时期对于救灾事务在制度上或有安排，但在实效上各级政府的灾害救助，并未发挥应有的作用。因此可以说近代中国的灾害救助仅有了现代性的外壳，内里依然是中国传统社会灾害救助的实质。

（三）新中国成立后到 21 世纪前的灾害救助政策

新中国成立后，党和政府高度重视救灾工作，灾害救助政策也成为应对自然灾害国家战略的核心内容之一。

1949 年，中国人民政治协商会议制定的《共同纲领》明确要求人民政府应"救济灾荒"。新中国成立初，由于经历长年战乱，民生凋敝，全国灾害形势严峻，人民政府成立后马上就面临开展灾害救助、稳定人心的任务，以稳定国家政权，保障人民的基本生活。1949 年 12 月 19 日，中央人民政府政务院颁布《关于生产救灾的指示》，要求"各级人民政府须组织生产救灾委员会"，对全国救灾工作做出部署。1950 年 2 月 27 日，中央召集多个相关部门和单位，正式成立了中央救灾委员会，由政务院副总理董必武担任中央生产救灾委员会主任，领导全国救灾工作。全国各地相继成立了生产救灾委员会，多灾地区还层层设立机构，甚至到县、乡、村一级。这一制度安排总体上一直持续到 1958 年。生产救灾包括大量繁重的组织工作，新中国成立初期正是由于党和政府的高度重视，采取成立中央救灾委员会和地方生产救灾委员会的方式，形成了较为正式的灾害救助制度安排，才有效保证了在灾害频繁的情况下灾区基本未出现大问题。但是，由于新中国成立初期生产力水平低，政府财力有限，政府将救灾重心放在组织群众生产自救和互救方面，政府直接的灾害救助被放在次要的辅助位置。如新中国成立初期，内务部社会司主管社会救济（灾），提出的工作方针是"节约救灾，生产自救，群众互助，以工代赈"，而在 1953 年第二次国家民政会议上将救灾方针修订为"生产自救，节约度荒，群众互助，以工代赈，辅之以政府必要的救济"。新中国成立初期，百废待兴，但人民政府投入救灾的财政资金比例较高，1949～1957 年，整个救灾支出占财政支出的年平均比例达到了 0.76%（邹铭，2009），高于之后 20 年的平均水平，也远高于改革开放后 30 年的水平。

随着计划经济体制逐步建立，城镇地区形成单位体制，单位成为社会保障核心主体，灾害救助主要集中在农村地区。在重工业优先发展的战略下，总体上国家政策是倾向农村支持城市，农业哺育工业化，因此在针对农村地区的救灾工作中，政府主要担当领导组织角色而非保障者角色。农村普遍确立人民公社体制后，农村集体组织承担起一定的救灾责任，救灾方针调整为"依靠群众，依靠集体，生产自救为主，辅之以国家必要的救济"。"大跃进"运动后，对农村集体力量盲目乐观，甚至提出短时期内消灭自然灾害的错误观点。"文化大革命"时期，进一步加剧了这种错误认知，救灾工作被分割、肢解，陷入混乱和无序中。十一届三中全会以后，1978年3月5日，第五届全国人民代表大会第一次会议决定设立中华人民共和国民政部，下设农村社会救济司，负责主管全国农村救灾工作。同年举行的第七次全国民政会议重申了"文化大革命"前的救灾工作方针。而农村实行家庭联产承包责任制后，针对农村集体经济的变化，农民的收入得到很大提高，救灾工作方针中增加了互助互济的内容，1983年第八次全国民政会议将救灾工作方针修改为"依靠群众、依靠集体、生产自救、互助互济，辅之以国家必要的救济和扶持"。这一工作方针依然把政府对灾害救助的责任放在次要位置，因此政府提供灾害救助的标准是非常低的。20世纪80年代制定的救灾标准是：口粮按照每人每天0.38元的标准由中央财政补助，中央财政负责补助占需政府救助人口总量的1/3；房屋补助分为两类，补偿地震受损户每间200元，洪涝受损户每间65元。改革开放不断深入后，计划经济体制逐步向市场经济体制转变，但是救灾工作的方针却长期没有得到修改。这一救灾标准一直延续到2001年。

为了适应20世纪80年代后财政体制的调整变化，解决救灾资金供应不足的问题，救灾工作从一直由中央财政支持，逐步向由中央统一领导，省、地（市）以及县乡各级部门分管，各级政府都开始进行列支救灾款预算的方向调整。从1983年开始，民政部和部分省

（自治区、直辖市）实行救灾款包干办法。1993年11月民政部在福建南平市举行的全国救灾救济工作座谈会上，提出了深化救灾工作改革，建立救灾工作分级管理、救灾款分级负担的救灾管理体制的思路。1994年第十次全国民政工作会议上，救灾工作分级管理作为"建立与经济发展水平相适应的社会保障制度"的重要措施提出。1996年1月召开的全国民政厅（局）长会议上，明确提出建立救灾工作分级管理体制的目标。1999年民政部、财政部发布《关于进一步加强救灾款使用管理工作的通知》，对救灾体制进行规范调整：①明确救灾款适用于解决受灾群众无力克服的衣、食、住、行等生活困难，紧急抢救、转移和安置受灾群众，受灾群众倒房恢复重建，加工及储运救灾物资；②强调救灾款发放重点是重灾区和重灾户，特别是保障自救能力较差受灾群众的基本生活；③停止救灾扶贫周转金制度；④停止救灾款用于扶贫支出的制度；⑤中央救灾财政预算固定为每年22亿元，不再以上年实际开支来核定预算。救灾工作分级管理方式一定程度上缓解了中央的财政压力，也增强了各级政府对救灾工作的责任感，拓宽了救灾资金的来源渠道，但是由于救灾工作总体方针长期没有修改，并且灾害又往往多发、易发于相对贫困、地方财力低的地区，所以各级地方政府并没有将灾害救助提升到应有的政府职责高度。总体而言，中央和地方政府提供的灾害救助加总起来依然属于较低标准。如2001年，中央和地方各级政府投入救灾资金40多亿元，受灾人口3.7亿，成灾人口2.6亿，救济人数6000多万，而人均灾害救助金额仅67元。[①] 可以说，长期以来，中国政府的灾害救助还仅停留在政府辅助的低水平上。

（四）21世纪后灾害救助政策的调整

进入21世纪，经过改革开放以来经济的高速增长，社会整体发

[①] 《2001年中国民政事业统计公报》，《中国民政》2002年第4期。

展水平已经达到一定高度，统筹城乡经济社会发展已经成为进一步发展的基础性条件，工业反哺农业、城市反哺农村势在必行。2000年开始农村税费改革，到2006年，实现了全面取消农业税，从根本上加大了国家对农村地区的政策和财政支持。以针对农村地区为主的救灾政策也逐步得到重大调整。

2002年8月，民政部会同财政部制定了特大自然灾害救济补助费测算标准，下发了《民政部、财政部关于规范特大自然灾害救济补助费分配管理有关问题的通知》。第一，《通知》首次规范了中央救灾资金的测算方法。第二，明确了"特大自然灾害救济补助费"用于：①新灾救济资金，分为中央应急救灾资金和灾区民房恢复重建资金；②春荒、冬令灾民生活救济资金；③采购和管理中央救灾储备物资资金。第三，细化和提高了自20世纪80年代起就一直未调整的国家灾害救助标准：①在紧急转移安置方面，中央财政对转移安置补助每人100元；②在民房恢复重建方面，中央财政对倒塌民房补助300元/间，其中地震灾害单列为500元/间；③在荒情救济方面，春荒冬令期间受灾群众基本生活保障按一斤基本口粮测算，每人每天补助0.5元，春荒和冬令各补助3个月，中央财政负责补助占需政府救助人口总量的1/3。2003年，国务院机构改革方案进一步明确了全国救灾业务由民政部承担。2003年6月，民政部制定并印发了《民政部应对突发性自然灾害工作规程》，首次正式提出灾害应急救助概念，以区别和取代之前使用的灾害救济概念，并将应急救助工作划分为3个相应等级。

2003年"非典"疫情发生后，党和政府重新审视抗灾应急体系，意识到从根本上改变政府处理突发事件制度体系的必要性和紧迫性。2003年10月，中国共产党十六届三中全会明确提出"建立健全各种预警和应急机制，提高政府应对突发事件和风险的能力"，做出了全面加强应急管理工作以及应急管理体系建设的重大决策。灾害救助被纳入应急管理体系建设中进行完善。2004年11月，民政部制定印发了《灾害应急救助工作规程》《灾区民房恢复重建管理工作规程》和《春荒、冬令灾民生活救助工作规程》，对一系列灾害救助具体工作进行了统一规范，明确并细化了各级民政部门灾害救助的主要职责和应对流程。2005年，国务院办公厅颁布了《国家自然灾害救助应急预案》，以国家预案的方式首次明确界定了灾害救助是各级政府的重要责任。在2006年11月召开的第十二次全国民政会议上，对国家救灾方针进行了重大调整，调整为"政府主导、分级管理、社会互助、生产自救"，强调了政府在救灾工作中的主导地位。同时，与《国家自然灾害救助应急预案》相衔接，民政部修订并印发了灾害救助相关的工作规程。2006年，国家灾害救助标准再次提高：①在紧急转移安置方面，中央财政补助标准提高到150元/人，台风灾害单列为70元/人①；②在民房恢复重建方面，中央财政对倒塌民房补助提高到600元/间；③在荒情救济方面，春荒、冬令期间受灾群众基本生活保障按一斤基本口粮测算，中央补助标准提高到每人每天0.7元，春荒和冬令各补助3个月，中央财政负责补助占需政府救助人口总量的1/3。2007年，《中华人民共和国突发事件应对法》由全国人大通过并施行。《突发事件应对法》第四章第49条明确规定"履行统一领导职责的人民政府……保障食品、饮用水、燃料等基本生活必需品的供应"，第51条规定"国务院或者国务院授权的有关主管部门……保障人民群众的基本生活需要"，第五章第61条规定"受突发事件影响地区的人民政府应当根据本地区遭受损失的情况，制定救助、补偿、抚慰、抚恤、安置等善后工作计划并组织实施"。这些条款以法律的形式明确了各级政府承担的灾害救助责任。2007年8月15日，国务院第188次常务会议对抗灾救灾工作做出了重要部署，特别是根据我国经济社会发展水平，再次提高了国家灾害救助标准，并增加了救助项目：①提高了倒房重建补助标准，因灾倒房的中央补

---

① 台风灾害转移安置多为临时避险性质转移，安置时间较短，所以补助标准相对较低。

助标准提高到 1500 元/间，原则上每户补助 2 间（即 3000 元/户），地震中严重受损房屋中央财政按 200 元/间给予补助；②传统的冬令、春荒救助更改为受灾群众冬春临时生活困难救助，救助工作方案由两次合并为一次，并提高补助标准，从人均补助 126 元提高到 150 元，中央财政负责补助占需政府救助人口总量的 1/3；③增加旱灾救助项目，对因旱灾造成生活困难、需要政府救济的群众给予适当补助，中央财政按照人均 90 元标准补助，负责补助占需政府救助人口总量的 1/3。

总体而言，进入 21 世纪后，特别是 2003 年以后，随着国家经济社会发展水平的提高，灾害救助的主导思想发生了根本性变化，政府对受灾群众的救助责任得到普遍认可和制度确认，救助标准有了根本性提高，"科学发展、以人为本"的原则开始贯彻到灾害救助政策中。但由于从思想到行动的根本转变需要一定的过程，且在具体执行灾害救助的民政部门人员中还留存"为国家节约财政资金""防止救助资金被误更重要"等认识，所以直到 2007 年，灾害救助资金占财政支出比例低下的状况并未得到根本改变。如 2007 年，自然灾害较为严重，因灾紧急转移 1499.1 万人次，倒塌房屋 146.7 万间，而各级政府共投入救灾资金 65.6 亿元，中央投入自然灾害生活救助资金 50.39 亿元，救济灾民 1.3 亿人次。[①] 这样的灾害救助水平与 2001 年相比并没有本质性的改善。可以说，直到 2007 年，各级政府对受灾群众的灾害救助的水平仍十分有限，更多是从预算出发而非从受灾群众的实际生活需要出发提供救助。

（五）2008 年汶川地震后灾害救助政策的成熟

2008 年汶川特大地震灾害是灾害救助政策发生跨越性变化的分水岭。汶川地震是中国近 30 年来最为严重的自然灾害，地震震级达到里氏 8.0 级，属于浅源地震，震源距地面仅 14 公里，造成的危害

[①] 《2007 年中国民政事业统计公报》。

非常大。震中位于四川省阿坝藏族自治州汶川县，距离四川省省会成都市不到80公里，并且地震中心带不是常见点状，而是长度超过300公里的线状，导致汶川地震的烈度高、震区面积大，Ⅵ度区以上面积合计达44万平方公里，其中Ⅺ度区面积约2419平方公里。① 汶川地震造成了严重的生命财产损失，截至2008年10月，地震造成69227人死亡，374643人受伤，17923人失踪；直接经济损失达8451亿元人民币；极重灾区和重灾区51个县（市、区），1271个乡镇，14565个行政村，总面积达13.2万平方公里，受灾人口1986.7万（国家减灾委员会、科学技术部抗震救灾专家组，2008）。由于灾情极端严重，造成损失极为惨重，并经由当代信息化社会中全方位的媒体第一时间传播、扩散及放大到全国及全球，引发了中国社会自上而下近乎所有人的高度关注。这种高度关注叠加了改革开放30年中国社会高速发展的成果和进入21世纪后"以人为本"的社会意识，凝聚为全社会的"大爱中国"抗震救灾共识和行动。截至2008年6月4日，全国共接收国内外社会各界捐赠款物总计436.81亿元，实际到账款物389.76亿元（其中捐款329.77亿元，物资折价59.99亿元）②。据统计，汶川地震中深入灾区的国内外志愿者达300万人以上，在后方参与抗震救灾的志愿者达1000万人以上（国务院新闻办公室，2009）。毫无疑问，这种全社会积极参与抗震救灾的共识与行动是中央、灾区各级政府及非灾区各级地方政府第一时间全力履行和承担应对灾害责任所引发，但这种社会高度共识反过来也激励和要求中国政府真正从"以人为本"的角度重新审视和定位政府承担的应对灾害责任的范围和边界。其中，灾害救助政策的调整是最重要的内容之一。

汶川地震后初期，由于灾区破坏严重，上千万灾区群众被紧急转

---

① 中国地震局震灾应急救援司：《汶川8.0级地震烈度分布图》，http://www.cea.gov.cn/manage/html/8a8587881632fa5c0116674a018300cf/_content/08_08/29/1219980517676.html。
② 民政部王振耀在国务院新闻发布会的讲话，2008年6月4日。

移安置，受灾人口有几千万，海量灾民的基本生活需要依赖中央政府和灾区各级政府临时性筹措、调集和发放的大量食物、饮用水、药品、衣物和帐篷等救灾物资以及全社会的踊跃捐赠款物。随着地震黄金救援期的渡过，国务院抗震救灾总指挥部等决策机构充分意识到了灾害救助的规模、必要性和紧迫性等问题。2008年5月20日，民政部、财政部和国家粮食局等部门发出《关于对汶川地震灾区困难群众实施临时生活救助有关问题的通知》（民发〔2008〕66号），向汶川地震中因灾无房可住、无生产资料和无收入来源的困难群众发放为期3个月、每人每天10元的补助金和1斤成品粮的临时生活救助。其中对因灾造成的"三孤"（孤儿、孤老、孤残）及原"三孤"人员补助标准提高或补足为每人每月600元。为了保证这一政策的顺利有效实施，5月30日，国务院抗震救灾总指挥部总指挥温家宝在主持召开总指挥部第15次会议时对汶川地震临时救助工作做出部署：抗震救灾物资的分配要根据受灾地区的情况，保证重点，做到公开、公平、公正；要向群众公布救助标准、享受救助的条件及救灾物资数量，坚决杜绝优亲厚友、性别歧视和年龄歧视，维护灾区群众的基本生活权益。[①] 6月1日，民政部公布了《汶川地震抗震救灾生活类物资分配办法》《汶川地震抗震救灾资金物资管理使用信息公开办法》，6月16日，民政部、财政部、住房和城乡建设部又发出了《关于进一步做好汶川地震灾区救灾款物使用管理的通知》（民发〔2008〕82号），对救灾物资分配提出了指导意见和具体规定。7月18日，民政部和财政部发布了《关于对汶川地震灾区困难群众实施后续生活救助有关问题的通知》（民发〔2008〕104号），提出在3个月临时生活救助到期后，对汶川地震重灾区困难群众继续给予3个月的后续生活救助。在汶川地震临时生活救助和后继生活救助实施过程中，基于

[①] 国务院办公厅：《温家宝主持会议 研究加强抗震救灾款物管理和使用》，中央政府门户网站，http://www.gov.cn/ldhd/2008-05/31/content_1000755.htm。

灾区群众实际生活状况、政策实施过程的实际情况以及抗震救灾和恢复重建工作顺利开展的需要，救助对象的标准有所放宽。除了生活救助外，对倒房农户重建住房的补助标准也大为提高，中央财政对倒房农户重建住房户均补助10000元，受灾省份也按户均10000元标准配套省级补助资金。截至2008年底，中央财政共下拨汶川地震受灾群众生活救助资金417.94亿元，其中，中央财政共安排四川、陕西、甘肃、重庆、云南5个省市临时生活救助资金82.74亿元，调拨口粮62万吨，共救助受灾困难群众922.44万人，包括"三无"人员891.33万人和"三孤"人员31.11万人。①

汶川地震灾害救助可以用"前所未有"来形容政策出台的力度、速度和实施效果，救助标准得到了较大幅度的提高，实施效果也非常突出，极大地稳定了受灾群众的情绪，保障了受灾群众的基本生活。基于汶川地震灾害救助政策的良好效果，2008年云南盈江地震、四川攀枝花—会理地震、新疆乌恰地震和西藏当雄地震也延续了汶川地震灾害救助的标准，同样有力地支持了灾区的恢复重建，取得了不错的效果。

2009年，民政部、财政部继续加大灾害救助力度，将地震倒房重建中央补助标准调整到户均10000元，其他灾害倒房重建补助标准为户均7000元，对地震中严重损房中央补助标准从200元/间调整到900元/户。

2010年4月14日，青海省玉树县发生严重地震，最高震级达里氏7.1级。由于地震震中位于玉树藏族自治州（下称玉树州）首府结古镇附近，最终造成了近2700人遇难以及大量人员受伤和财产损失。玉树地震是汶川地震后又一次严重的自然灾害，不仅抗震救灾工作，灾害救助政策也同样吸取了汶川地震的相关经验，基本上沿袭了在汶川地震中的做法，除了在救援阶段向灾区群众发放了大量帐篷、

---

① 潘跃等：《2008年中央财政下达汶川地震生活救助金417.94亿》，《人民日报》2009年1月5日。

饮用水、食品、衣物和各类生活用品等以外，同样提供了如免费的医疗救治、发放遇难者抚恤金[①]、"三孤"人员补偿金[②]、给灾区困难群众在灾后3个月每人每天补助10元钱和1斤口粮，以及房屋重建补助等救助政策。玉树地震灾害救助的实践再次证明较高标准的灾害救助对于抗震救灾和恢复重建工作具有不可替代的重要作用。

为了落实《突发事件应对法》和《国家自然灾害救助应急预案》等法规的相关规定，2008年5月民政部通过了《自然灾害救助条例（草案）》（送审稿），并提请国务院审议。汶川地震灾害救助的实践极大地丰富了《自然灾害救助条例》的实践基础。在国务院法制办3次征求各部委、地方意见，并在网上公开征求社会公众意见的基础上，自2009年3月起，民政部政策法规司、救灾司先后到四川地震灾区，以及安徽、湖北等地进行立法调研，配合有关部门协调部门意见，集中改稿。2010年6月30日，我国第一部针对灾害救助的法律条例《自然灾害救助条例》经过国务院第117次常务会议通过并随后施行。温家宝总理概括制定《自然灾害救助条例》（以下简称《条例》）"正逢其时、意义重大"。《条例》最重要的是提出了自然灾害救助工作原则，明确了政府及有关部门的责任。《条例》第二条指出"自然灾害救助工作遵循以人为本、政府主导、分级管理、社会互助、灾民自救的原则"。这是经过汶川地震等一系列自然灾害救助实践后总结得出的重要原则，与2006年第十二次全国民政工作会议确定的国家救灾方针相比，不仅增加了"以人为本"的内容，而且将其放在了灾害救助原则的首位。此外，还将"生产自救"改为"灾民自救"。这些修改集中反映了国家灾害救助政策在思想和定位上的根本转变，反映了国家发展战略的调整，也反映了社会经济发展水平和广大人民群众的要求。《条例》还将救灾工作纳入执法范畴，明确

[①] 按遇难者每人8000元抚恤金补偿。
[②] 按每人每月1000元补偿。

了政府及有关部门的责任,强化了救灾工作的保障,使民政部门救灾工作实现职权法定。《条例》的出台,使自然灾害救助成为一项涵盖所有灾种的专门制度,成为与其他专项防抗灾制度并列的一项制度。因此,《条例》的出台具有奠基性、历史性的重大意义。

三 灾害救助政策评估的新要求

长期以来,虽然各级政府的救灾工作对于应对灾害发挥了重要作用,但中国灾害救助一直处于一个较低水平,救助标准低,可以说是仅以维持灾民生命为主要目标。这样的政策目标必然使得对政策评估的要求也很低,长期主要集中在以下方面:①输入评估,主要是投入的救助资金额、救助物资量等方面;②输出评估,主要是实际救助的灾民人(户)数,重建农房数等;③执行评估,主要侧重于实际救助标准,救助程序的执行情况等。此类评估基本可以通过日常工作方式完成,如工作总结、各级民政部门层层上报和核实救灾数据、上级民政部门监督检查等。

2008年汶川地震后,灾害救助标准有了较大幅度的提高,"以人为本"成为最重要的工作原则和最核心的政策目标。相应的,对于灾害救助政策的绩效评估必然要有更高的要求。2011年修订的《国家自然灾害救助应急预案》已经对不同类别救助政策的绩效评估提出了更明确的要求。如7.1.3款"民政部、财政部监督检查灾区过渡性生活救助政策和措施的落实,定期通报灾区救助工作情况,过渡性生活救助工作结束后组织人员进行绩效评估";7.2.4款"民政部通过开展救灾捐赠、对口支援、政府采购等方式解决受灾群众的过冬衣被问题,组织有关部门和专家评估全国冬春期间中期和终期救助工作的绩效";7.3.3款"住房重建工作结束后,地方各级民政部门应采取实地调查、抽样调查等方式,对本地倒损住房恢复重建补助资金管理工作开展绩效评估,并将评估结果报上一级民政部门。民政部收到省级人民政府民政部门上报本行政区域内的绩效评估情况后,通过组成督查组开展实地抽查等方式,对全国倒损住房恢复重建补助资金管理工作进行绩效评估"。这些灾害救助政策评估要求,从公共政策评估理论角度看,多属于比较初级的政策评估要求,但是随着自然灾害造成社会经济损失快速增长趋势的进一步延续,各级政府投入救灾资源占比的持续增长,以及社会投入灾害救助慈善捐赠的快速增长,对于灾害救助政策评估的要求会急剧提高。

但从政策实践看,近年来在几次重大灾害,如汶川地震、玉树地震和舟曲泥石流等的灾害救助工作中,还基本上延续着传统的评估方式,与新的政策目标相对应的政策绩效评估新要求尚未得到普遍的重视。

与长期以来的政策需求相对应,从国内研究现状看,灾害救助政策绩效评估还处于起步阶段,对此已有一些讨论,但均不够深入(廖永丰、聂承静、胡俊锋、杨林生,2011;郑永寿,2005),关于自然灾害救助政策的综合性研究对绩效评估问题也多是一笔带过(闪淳昌、薛澜,2012)。从国外研究看,对于救助政策绩效评估讨论较多,但或者针对某个重大灾害,如印度洋海啸(Thampi,2005),或侧重于绩效评价的某个方面,如审计(Labadie,2008),综述性研究也多指向问题而非结论(Estrella & Gaventa,1999)。这主要是由于自然灾害救助政策绩效评估属于公共政策评估范畴,因此对此问题更具科学性和先进性的研究需要从公共政策评估的前沿视角出发。

传统上,公共政策评估就评估目的而言,分为形成性评估(Formative Evaluation)和总结性评估(Summative Evaluation)两类,分别对应评估焦点集中在政策结果或政策形成与集中在实施过程两类评估,但这两类评估都集中于自上而下的视角,并基于"客观"的事实之上(Stufflebeam & Shinkfield,2007)。但自20世纪70年代末以来,一些学者认为政策评估应该向更为深刻地理解和改进政策的方向发展。第一类以豪斯等提出公平（正义）应该成为政策评估的一项重要标准为代表，政治评估的主要目的是推动资源与利益的再分配（House，1980）。第二类以库巴和林肯提出的"第四代评估"为代表，认为政策评估过程应关注多方需求和多元互动，综合对政策价值、目标、内容、过程及方法的深刻思考，政策评估最终应当形成一种多元政策主体对于政策的共同建构（Guba & Lincoln，1989）。

从以上公共政策评估的研究趋势出发，结合自然灾害救助政策的特殊性，得出如下推论。

第一，灾害救助政策绩效评估必须从受灾群众的视角出发。狭义的政策评估更多是自上而下的、制度化的，强调从事公共政策评估的组织或个人对评估过程的控制。此类公共政策评估的研究者和实践者也强调政策评估中的公民或政策受众参与，但这种参与一般是被动的、间接的。而广义的政策评估泛指一切对于公共政策的评价。任何一项公共政策开始实施后，社会公众和政策受众都会自觉或不自觉地形成对于这项政策的评价。这本质上就是一种政策评估，是政策受众视角对政策的反映。

而自然灾害救助政策本身具有特殊性，它所针对的受灾群体处于一种特殊的社会环境下，使得受灾群体自身的生活状况和心理状态构成了救助政策绩效的全部基础。因此，有效的灾害救助政策绩效评估应当从受灾群众的视角出发。一般性的政策评估理论和方法并不能有效包含这种视角。

第二，自然灾害救助政策绩效评估的受灾群众视角具有综合性和主观性的特征。自然灾害救助政策的根本目的是保障受灾群众的基本生活水平。因为灾区的特殊性，基于常态社会中的基本生活水平的概念往往失效，常用的单一指标无法准确反映受灾群众的实际状况。因此，灾害救助政策绩效必须格外强调对受灾群众的综合性评价和受灾群众自身的主观评价。综合性和主观性也就构成了受灾群众视角必须涵盖的两个特征。

第三，生活质量是基于受灾群众视角综合性评价的适宜框架。生活质量，又被称为生存质量或生命质量，其内涵是用于评价个体或者社会的福利水平。生活质量以生活水平为基础，但比生活水平更具综合性。特别是，生活质量本质上具有从人到社会的建构内涵。因此生活质量特别适宜于巨灾后环境，是基于受灾群众视角综合评价基本生活水平的理想框架。生活质量框架可以有效评估灾害救助政策的综合性绩效。

第四，受灾群众的主观感受最集中地体现为公平感。社会公众和政策受众对一项实施了的公共政策可能产生出多种复杂的主观感受。要收集和分析这些主观感受必须找到其中最为突出、最为抽象和最为本质的性质。公共政策本质上是一种利益协调、综合和分配（陈庆云、戈世平、张孝德，2004），因此这种主观感受中最重要、最突出和最集中的是政策的公平性，即社会公众或政策受众在政策执行后，通过亲身经历感受到的政策公平与否。对于自然灾害救助政策更是如此，受灾群众的公平感最为适宜评估灾害救助政策的主观性绩效。

另一种常用的主观感受是满意度。但灾害救助政策不是一种普通的公共服务，而更为强调政府对于公民基本生存和发展的责任，因此公平感比满意度更适宜评估受灾群众的主观感受。

综上所述，本书将讨论和建立以受灾群众生活质量和公平感为基础的灾害救助政策绩效评估理论，构建基于受灾群众生活质量和公平感的灾害救助政策绩效评估框架，并发展出与之相应的一套兼具理论性和操作性的评估方法。本书还将利用所建立的理论、评估框架和评估方法对汶川地震和玉树地震这两次近年来发生的重大自然灾害的救助政策进行实证性研究和初步评估。

四　本书的整体结构和贡献

本书包括八章。

第一章为导论，介绍本书所讨论和研究的问题的背景、必要性和主要思路。

第二章，从灾民生活质量的角度讨论灾害救助政策的绩效评估。包括对灾民生活质量评估的理论框架讨论，并使用这一框架对汶川地震和玉树地震这两次灾害救助政策的绩效进行实证分析评估。

第三章到第七章，从灾民公平感的角度讨论灾害救助政策的绩效评估。其中第三章讨论理论框架；第四章针对汶川地震救助政策进行灾民公平感实证分析；第五章从公平感测量的角度，基于玉树地震救助政策进行探索性因素分析，初步解决公共政策公平感测量问题；第六章基于汶川地震灾后恢复重建补偿政策，对公共政策公平感的测量问题进行验证性因素分析，进一步验证公共政策公平感量表的合理性和有效性；第七章基于玉树地震灾害救助政策，对灾害救助政策公平感对灾民行为的影响进行实证分析。

第八章，对全书进行总结，并展望进一步的研究。

本书的基本观点有以下几方面。

第一，对于灾害救助政策绩效评估而言，最有效的视角是从受灾群众经过救助后的实际影响入手。

第二，由于灾区的特殊情景，灾害救助政策对于受灾群众实际影响的有效评价维度包括综合性和主观性两个方面。

第三，受灾群众被救助后的综合性影响可以用生活质量框架来评估，进而又可划分为主观、客观和社区三个层面。

第四，救助政策实施后，受灾群众就会产生多种主观评价，这些主观评价的最集中反映是对救助政策的公平感。

第五，结合生活质量和公平感框架，可以建构对于灾害救助政策绩效评估的有效框架。

本书的创新之处包括以下几方面。

第一，针对灾害救助政策发展的实践需要，提出了新的政策评估视角。

灾害救助政策绩效评估是政策过程中推动政策学习和政策改进的

重要环节，但目前在中国灾害救助政策实践中，还没有充分发挥出这样的作用。造成这种现象的原因有多方面，但缺乏有效的评估视角无疑是重要的原因之一。本书展示的受灾群众视角下的灾害救助政策绩效评估提供了一个从政策受众出发的新的评估视角，并且将评估结果与政策改进直接对接起来，这对于推动中国灾害救助政策发展有重要意义。

第二，从生活质量框架出发，发展出有效评价灾害救助政策对受灾群众综合性影响的评估工具。

许多研究者认识到对受灾群众生活状况进行综合性评价的重要性，但找到系统性解决方案的还不多。本书使用生活质量用于评估灾害救助政策绩效，在概念、理论及工具等方面均具有创新性，所发展出的评估工具对于政策实践有重要价值。

第三，抓住政策受众对公共政策主观感受的核心特征，创造性地用公平感分析灾区群众对救助政策的主观感受。

传统公共政策评估理论虽然也注意到政策受众对政策的主观评估，但只视为一种政治情绪，未能抽象出可操作性的概念，对灾害救助政策绩效评估也是这样。而本书则抓住了政策受众主观感受的最核心特征——公平感，从而实现了对这种主观性评价的有效理论分析，并发展出可操作的评估工具，具有重要的理论价值和实践价值。

第四，发展出同时纳入受灾群众综合性和主观性两维度的自然灾害救助政策绩效评估的可操作性方法。

本书基于受灾群众生活质量及救助政策公平感的理论和实证研究，发展出了包括综合性和主观性两维度的基于受灾群众视角的灾害救助政策绩效评估的工具和方法，并具有较强的可操作性，将直接有助于推动自然灾害救助政策绩效评估工作的发展。

第二章

基于灾民生活质量的救助政策评估：
理论框架及汶川和玉树地震的对比研究

从内在目标来看，中国灾害救助发展历程可以分为三个阶段。中国古代的灾害救助，包括"荒政"达到顶峰的清代，主要是通过灾害救助把灾民留在灾害发生地，防止出现大规模流民而危及社会稳定乃至政权。因此古代的灾害救助水平总体而言是非常低的，并不能保证不出现灾民因饥寒死亡的情况。新中国成立以后，逐渐发展形成了较为完善的灾害救助政策体系，但受到经济发展水平和其他原因的限制，灾害救助的总体水平依然较低，也仅是保障灾民的基本生存。汶川地震发生后，在地震造成惊人的破坏和全国万众一心的救灾共识的背景下，改革开放30多年来积累的较为雄厚的经济实力、广大人民群众主观上普遍认识的和客观上已经显著提高的基本生活需求以及科学发展观所提出的"以人为本"的新的执政理念，共同促使我国灾害救助水平有了跨越式的提高。"以人为本"意味着灾害救助必须以满足人、依靠人、发展人为核心政策目标，从满足灾民的各种需要出发评价救助效果。

人的需要具有多维度、多层次性。塔尔提出人的普遍需要即人生存和发展的、为所有人所具有的需要，包括物质需要、个人发展、情感变化、智力形成、人际关系和精神需求（Towle，1965）。马斯洛把人的需要分为生存、安全、社会交往、自我尊重和自我实现五个由低到高的需要层次（Maslow，1970）。多亚尔和英·高夫则把人的需要分为身体健康的需要和自立的需要，并把妇女的健康和自立单独列出（Doyal & Gough，1991）。因此，如果从满足灾民的各种需要的角度来评价救助效果，必然需要一个综合性、多维度的框架。20世纪六七十年代，为了分析社会或个体综合性、整体性的发展状况而发展起来的生活质量的概念，恰好为分析灾民各种需要获得满足程度的综合性、整体性效果提供了一个有效框架。

在汶川地震和玉树地震两次重大自然灾害中，所实施的灾害救助政策是灾害救助水平实现跨越式提高的突出代表。评估这两次地震救助政策的绩效，若依然使用传统的救助总金额或救助总人数等指标，显然是不够的，需要从"以人为本"的政策目标出发，来评价救助效果。因此，本章进一步利用基于"生活质量"概念建立的理论框架和评估方法，对汶川地震和玉树地震这两次重大灾害的灾害救助政策进行实证分析和对比。

一 生活质量的概念

"生活质量"（Quality of Life，QOL），又被称为生存质量、生命质量或生活素质等，不同的译法主要是因为不同领域的研究有不同的侧重。生活质量概念最早是加尔布雷斯在1958年出版的《丰裕社会》中提出的，用于批判用生活水平来衡量社会和个人发展的局限性，认为一个社会除物资投资的有效性之外，应具有更崇高的任务，即追求幸福与和谐以及排除痛苦、紧张、悲哀和愚昧等，更重要的是对人的有效投资（加尔布雷斯，1965）。由于"生活质量"这一词语本身所蕴含的深刻韵味，许多学科和领域的研究者纷纷使用这个概念，如宏观经济学、微观经济学、医药社会学、公共管理学、社会政策学乃至哲学和伦理学。这也造成了"生活质量"概念和内涵并不存在学术界的一致认同,是一个"含混不清的概念"(Bowling,1995)。有些学者认为,对生活质量概念理解的多样性,是因为各国各民族生活环境、价值观念的不同(王卫华、卢祖洵,2005)。其实,作为一个不断发展的研究对象,"生活质量"经历了从无到有、从单薄到丰富这样一条普遍的发展路径,所以,其概念的不同更能深刻地反映对其在不同时期的研究重点,以及人们对其认识不断深入的轨迹。

1. 历史发展视角

从"生活质量"概念的历史发展视角来看,20世纪50年代开始出现"生活质量"概念的萌芽,主要是为了描述社会的发展趋势,研究者意识到采用综合性社会指标的重要性和必要性,进而开始出现针对"生活质量"的研究。1958年,加尔布雷斯在《丰裕社会》一书中首次提出"生活质量"概念[①],开启了生活质量领域的研究。加尔布雷斯认为生活质量本质上是一种生活体验,描述了个体对其人生的满意程度和在社会上实现自我价值的体验程度等(加尔布雷斯,1965)。20世纪50年代末期到60年代,以美国学者为主的一些社会学家进一步批判用经济指标评价国民生活的不足,认为社会与经济具有同等重要的地位,必须从整体性角度来看待社会发展。1960年美国在《总统委员会国民计划报告》中正式使用了"生活质量"这一术语。1966年,美国学者鲍尔和罗蒙德出版了《社会指标》一书,提出社会指标是用来"判断社会在准则、价值和目标等方面表现"的依据,并把"生活质量"作为重要的社会指标(Bauer & Raymond,1966)。之后,出现了大量对"生活质量"的研究,"生活质量"成为20世纪六七十年代社会指标运动中核心的概念之一。此外,美国经济学家罗斯托在1971年出版的《政治和增长阶段》一书

---

① 有学者认为"生活质量"概念更早地出现在1920年庇古所著的《福利经济学》中,用以描述福利的非经济方面。

中,把"追求生活质量"作为其划分的经济增长的最后一个阶段的特征和阶段名称,并发展了关于"生活质量"的理论框架(Rostow, 1971)。"生活质量"概念从20世纪50年代到70年代的发展反映了高速经济增长下人们对经济与社会、物质与精神协调发展的诉求和努力。此后,"生活质量"概念又有了许多发展,虽学界对"生活质量"的内涵也多有争议,但始终不脱离对协调发展的诉求。

2. 测量维度视角

从测量维度来看,"生活质量"概念出现于社会指标运动,从其萌芽开始,生活质量研究的核心就是测量问题。由于早期生活质量概念是期望于在经济增长外找到更为适合于描述社会发展水平的指标,所以在很长时期内,生活质量概念是与"生活水平""生活标准"和"福利水平"等概念一起被研究的,许多研究对相关概念也没有进行明确界定,甚至混同于"生活水平""生活标准"和"福利水平"等概念(吴姚东,2000)。这样的研究倾向于实际把生活质量等同于生活的物质等级,认为必然取决于社会和经济的发展程度,于是就形成了在生活质量研究中偏重于客观生活质量测量的发展路径。显然,这一思路有其合理性,无论人类个体还是群体的生活都离不开基本的物质条件和环境。生活质量研究中最具代表性之一的"斯堪的纳维亚模式"就是强调客观生活条件的改善,将生活质量定义为个人对资源的支配。目前大量有广泛影响的生活质量测量方法都是以客观生活质量指标为基础的,如联合国的可持续发展指标体系、联合国的人类发展指数、卡尔弗特—亨德森生活质量指标体系[①]以及新西兰的生活质量指标等(周长城、柯燕,2008)。然而,生活质量概念的提出是因为在经济高速发展的条件下物质的丰裕并没有同步给人们带来幸福、满足和快乐,因此客观指标始终存在与物质条件之间的矛盾,具有局限性,并不能充分反映生活质量概念的内涵。西方国家的实践也

[①] The Calvert-Henderson Quality of Life Indicators, http://www.calver-henderson.com.

第二章 基于灾民生活质量的救助政策评估：理论框架及汶川和玉树地震的对比研究

普遍证明经济发展并不必然带来全体社会成员生活质量的改善，生活标准的提高也不必然同时提高人们的幸福感、满足感和快乐感。

随着生活质量概念的出现和发展，以美国学者为代表的许多学者已经开始研究和测量个体的主观生活感受问题，并逐渐强调生活质量的重点应是个体对其生活的评价。1957年，密歇根大学的古瑞（Gurin）、威若夫（Veroff）和费尔德（Feled）进行了美国全国性随机抽样调查，研究民众的精神健康和幸福感；1965年，坎吹尔（Hadley Cantril）发表了关于13个国家生活满意程度和良好感觉的比较研究；布拉德本（Norman Bradburn）在美国进行全国民意调查，研究了"幸福感"；1976年，坎伯尔（Angus Campbell）、康维斯（Converse）和罗杰（Rodger）在对美国进行全国抽样调查中，把美国社会生活质量的研究重点放在对生活整体的满意度及对13个生活具体方面的满意度上（林南、王玲、潘允康、袁国华，1987）。坎伯尔等认为生活质量就是"生活幸福的总体感觉"（Campbell, Converse & Rodgers, 1976）。这种研究倾向形成了生活质量研究中的美国模式，侧重于个人对自己生活状态的主观满意度及幸福感，根据个人的主观生活感受来定义生活质量（周长城，2001）。但生活质量的主观指标同样具有局限性，如果主观指标能够有效测量生活质量，涵盖生活条件，那么其前提是物质生活条件已经达到较为丰裕的程度。因此，康明斯指出主观生活质量的有效性通常仅保持在一个狭窄的范围内，并且衡量西方客观物质条件的标准不适用于其他地区，在与西方世界不同的文化中同样不适用（Robert A. Cummins, 2000）。

由于客观指标和主观指标各自的局限性，将主观、客观指标整合就成为生活质量研究的主流趋势。客观指标可以提供物质条件的比较基础，特别是生活质量纵向的发展变化，并且能够涵盖大量的统计指标数据，而主观指标能够直接测量人们对自身福利状况的评价，并在一定程度上提供一种单一维度的数据，便于在统一的维度上对人们的生活质量进行横向比较。因此，卡尔曼指出生活质量测量的是个体期望与其当前状态的差距,只有尽可能地全面测量生活状态的各个方面,才能较好地予以反映(Calman,1984)。迪纳尔从政策制定的角度出发,认为经济指标、主观指标和社会指标均能反映出一个社会的生活质量,三种指标各有局限,又相互补充,将三种指标结合起来解释生活质量,可以为政策制定提供更多的信息(Diener & Suh,1997)。周长城也曾将生活质量定义为:社会提高国民生活的充分程度和国民生活需求的满足程度,是建立在一定的物质条件基础上,社会全体对自身及其自身社会环境的认同感(周长城,2001)。

3. 测量对象

从测量对象的层面来看,可以区分出个体层面的生活质量和群体层面的生活质量。生活质量概念的提出源自对社会经济发展目标及其评价方式的反思,所以生活质量首先用于评价社会发展状态,主要针对群体层面。群体层面的生活质量必须反映出一群人共同生活所在的社会其经济、文化乃至环境系统的总体客观情况,更进一步又转换为反映一个社会,或更具体为反映一个国家及政府对其民众所能提供的综合性的生活条件的状况,因此也有学者称之为宏观层面的生活质量(周长城、柯燕,2008)。显然,群体层面的生活质量可以采用更多的社会经济统计指标来测量。实践中,群体层面的生活质量又发展为国家层面的生活质量,如澳大利亚统计局提出的国家幸福(ABS,2001)、新西兰的生活质量指标体系等;全球层面生活质量,如世界银行的世界发展指标(World-Bank,1997)、联合国的人类发展指数等;社区层面的生活质量,如哈格提等人讨论的社区生活质量指标(Hagerty et al.,2001)等。

生活质量最终还是体现在每个社会个体身上,特别是个体主观性的感受和评价,所以生活质量也广为应用于"个体对其生活于其中的文化、价值体系背景中的生活状况的感知,这种状况与其目标、期望、标准和关注往往是密切相关的,它以一种复杂的方式将个体的健

第二章 基于灾民生活质量的救助政策评估：理论框架及汶川和玉树地震的对比研究

康状况、心理状态、社会关系、个人信仰以及其与环境的关系融合在一起"（周长城、刘红霞，2011）。对这种个体层面生活质量的研究有两类方法：第一类试图确定一个适用于所有人的 QOL 的正式操作化的定义。如费列和佩里将 QOL 定义为一个普遍的物质、心理学现象："生活质量作为一种总体的一般幸福，包含客观指标和生理的、心理的、物质的、社会的和精神幸福的主观评估，并伴有一套个人价值看重的个体发展程度和目的性活动。"（Felce & Perry，1993）康明斯界定生活质量为："生活质量既是客观的又是主观的，每个轴都包含七个领域：物质福利、健康、生产力、亲密关系、安全、社区和情感幸福。客观领域由客观幸福的相关文化测量构成。主观领域由生活满意度领域和满意度与个体重要性的加权构成。"（Robert A. Cummins，1997）再如世界卫生组织开发的 WHOQOL 对生活质量的定义："个体对他们生活的文化和价值系统环境中生活地位的理解；他们的目标、期望值和关注的关系；他们在其中生活并涉及自身目标、价值期望和关注……个人的生理健康、心理状态、独立水平、社会关系、个人信念和他们与环境的特殊关系也以一种复杂的方式融入进来……生活质量指根植于一个文化、社会和环境背景下的主观评估……生活质量不能简单地和'健康地位'、'生活满意度'、'精神状态'或幸福等术语画等号，它是一个多维度概念。"（WHOQOL，1993）第二类则认为定义一个适合于所有人的 QOL 并不现实，因为无疑 QOL 与其文化、社会和环境背景及特定的价值体系相联系，所以更具有实际价值的是界定特定范畴内的 QOL，如与健康相关的 QOL 或与某类具体疾病联系的 QOL。在这类方法中发展最为成熟的是医学上定义的与健康相关的 QOL。如特斯塔和纳克莱认为与健康相关的生活质量包含机会、健康认知、功能性地位、亚健康或损伤，以及死亡率五个维度（Testa & Nackley，1994）。沃克认为 QOL 意味着"一系列宽泛的生理和心理特征与限制，用于描述个体这样做而发挥作用和获得满意度"，QOL 被界定为"与个体生活相连的幸福和

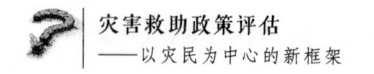

满意度水平以及它如何被疾病、意外和治疗影响"（Walker，1992）。反映个体生活状态的生活质量也被称为微观层面的生活质量。

4. 学科视角

从研究生活质量的学科来看，生活质量的概念首先出现在社会学和人口学领域，兴起于美国社会指标运动，并首先为社会心理学家所重视和研究。在中国，林南等社会学家最早开展了对天津、上海等城市居民生活质量的研究。之后，许多国内社会学研究机构不断进行了生活质量方面的调查和研究，如江苏社会科学院社会学所1989年对江苏、河南、吉林、四川、广东五省居民生活质量的测量和研究（易松国，1998），北京大学社会学系1987～1990年在北京、西安、扬州等地区进行的生活质量调查和研究（卢淑华、韦鲁英，1992），厦门市社会发展研究中心1995年在厦门进行的市民生活质量调查（胡荣，1996），华中理工大学社会学系1995年在武汉市进行的居民生活质量调查（风笑天、易松国，1997）等。特别是，2003年武汉大学成立了由周长城教授主持的生活质量研究与评价中心，随后开展了大量生活质量的理论和实证研究，对适合于我国的生活质量指标体系和中国居民生活质量状况进行了深入、系统的研究。社会学和人口学领域对生活质量的研究重视理论建构与居民问卷调查相结合，侧重于群体层面和主客观指标的结合，是生活质量研究的主流。

其次，经济学领域。虽然生活质量首先为社会学领域所重视，但提出这一概念的加尔布雷斯是一位经济学家，并且经济学家罗斯托首先发展出完整的生活质量的理论框架。国内，厉以宁在1986年出版的《社会主义政治经济学》中，借鉴了西方经济学对生活质量的研究成果，从资源分配的角度出发，给出了生活质量的定义，并把生活质量改善作为社会主义社会经济发展的目标（厉以宁，1986）。经济学家在生活质量研究的早期扮演重要角色绝非偶然。无论国内外，在把生活质量作为评价一个社会的发展程度或国家的状况或总体人群的相对福利的社会指标时，实际上更多是经济学家活跃在其中，并通过

第二章 基于灾民生活质量的救助政策评估：理论框架及汶川和玉树地震的对比研究

发展基本需求模型，把生活质量与环境、可持续性等人类发展面临的挑战相关联，与可持续发展观、人类发展观及"以人为本"发展观等为摒弃以经济增长为中心而提出的新发展观联系在一起。

最后，卫生和健康领域。如前所述，当生活质量由群体转向个体时，将对象限定在特定领域更具实践价值，其中发展最成熟的是卫生和健康领域。在卫生和健康领域，生活质量更多地被翻译为"生命质量"或"生存质量"。

通过以上对生活质量概念的分析，可以感受到生命质量概念对于评价社会发展和公共政策绩效具有重要价值，它广阔的研究领域、前瞻性的运用价值彰显了强大的发展潜力。在我国，基于生活质量评价的相关研究方法已广泛用于社会群体、社会阶层研究以及评价个体治疗方案、医疗效果等多方面，与"以人为本"的理念和科学发展观具有内在的一致性和兼容性。

虽然总体而言，国内生活质量的研究方法、思路没有突破国外研究的窠臼，但作为科学研究领域的"舶来品"，我国的生活质量研究在很多方面已经凸显了中国特色，并取得了丰硕成果。与此同时，也需要承认我国相关方面的研究仍有很大的发展空间。概括而言，我国生活质量研究现状大致有以下几个特点。

（1）以数据收集为主的实证研究较多，理论发展少；

（2）研究以测量 QOL 为目的，而非发展 QOL；

（3）测量方法简单、数据来源单一，鲜见大范围测量；

（4）研究范围以本土为主，缺乏不同地区甚至国际视野的对比研究；

（5）测量对象为微观的个体或个体集合；

（6）社会学和医学是主要学科领域。

据此，探索理论方法创新、拓展研究领域、开拓研究对象、丰富研究内容等均是生活质量领域创新性研究的突破口与落脚点。其中将生活质量概念与公共政策评估相结合，特别是与社会政策评估相结合将是生活质量研究获得更大理论和实践价值的重要方向。

二 灾害救助评估的生活质量分析框架

灾害救助政策的根本目的是保障受灾害影响群众的基本生活水平（May，1985）。基本生活水平是一个存在一定弹性的概念，随着社会经济水平的提高，基本生活水平的内涵会相应不断增加和丰富。这一问题具有相当的普遍性，当一个社会经济增长到一定阶段，社会经济发展达到一定水平，物质条件比较丰裕时，就会出现物质生活水平难以衡量人们生活状况的问题。20世纪六七十年代西方国家遇到这一问题时，在美国社会指标运动中就提出了"生活质量"的概念。美国经济学家罗斯托在划分经济增长阶段时，也提出"生活质量"概念以解决经济增长不足以反映社会发展水平的问题。至今，生活质量已成为社会学、经济学、管理学等多个学科重视的研究领域，特别是成为评价社会发展水平和评估公共政策的重要工具。

中国灾害救助政策曾长期停留在非常低下的救助水平，如何加大救助力度和提高救助水平成为灾害救助政策长期面临的主要问题，相应的，对灾害救助政策评估也主要停留在输入评估层面。汶川地震后，灾害救助政策实现了跨越式发展，救助水平从极为低下一下提升到相对丰裕，甚至在某些特别领域，出现了"过度"救助的情况。如在汶川地震抗震救灾中，以往在灾害救助中较少见的心理援助一下子泛滥起来，甚至有的灾区出现"防火、防盗、防心理援助"的民谚。从忽视到重视灾民的心理问题，无疑是灾害救助的重要进步，但如何有效开展如心理援助这样的救助措施？对于实现跃迁式提高的灾害救助政策而言，如何进行政策评估就成为急迫的需求。在这一背景下，生活质量概念无疑提供了一个有效评估救助水平有较大提高的灾害救助政策的分析框架。

第二章 基于灾民生活质量的救助政策评估：理论框架及汶川和玉树地震的对比研究

从上一节对生活质量概念的分析，可见其内涵是用于评价个体或社会的福利水平。生活质量以生活水平为基础，但比生活水平更具复杂性和广泛性，不仅侧重于收入、财产或物质生活水平的"好坏"，还包含对人的高级需求的满足程度，如对环境状况、身体和心理的健康、娱乐、闲暇和社会归属等的评价（Gregory，Johnston，Pratt & Watts，2009）。

生活质量概念在不同领域、学科中的使用和操作方式差异较大，根据上一节对生活质量概念的分析，以及灾害救助政策的政策目标和原则，并结合汶川地震和玉树地震灾害救助过程中面临的实际情况，对灾害救助政策的生活质量评估框架提出如下要点。

第一，测量维度既包括客观指标，也包括主观指标。

灾害救助政策的内在政策结构是"需要—救助"，即灾害救助政策的目标是解决灾区群众因灾害而导致的基本生活需要无法得到满足的问题。因此，灾害救助政策的生活质量评估框架必须包含对满足灾民基本生活需要所需的物质条件的评估。这主要用客观生活质量指标评价。

但当灾害救助水平较高时，即灾害后各级政府迅速投入较为充足的救灾物资，使得灾民获得的整体物质条件较高时，灾民将不再仅满足于是否饿不着、冻不着、有基本的卫生条件等，而会提出更高的生活要求。这些要求基于人的尊严、情感和发展等，同样应该归入基本生活需求，但是并非简单的量的增加，而是呈现一定的多样性、复杂性和个性化的需求。此时，很难用有限的客观指标来评估这种需求的满足程度，而必须用主观指标加以衡量。

第二，测量层面既需要立足于个人角度，也需要包括社区层面。

灾害救助针对灾区群众的基本生活需要，首先需要基于个人需求满足的角度进行评估。但同时由于任何个人均是生活于特定的群体之中，灾害后之所以会造成灾区群众的基本生活需要难以得到满足，主要是因为基本的社会生活方式和秩序被中断。因此，灾害救助在满足个人基本生活需要的同时，也必须兼顾恢复灾区基本社会生活的秩序，保障灾区群众居于一个安全、友善而相互支持的社区中（Phillips，2006）。因此，评估灾害救助政策也需要包括对社区层面的评价。

基于以上要求，评估灾害救助政策的指标体系包括以下三个层次。

（1）主观层次。

主观层次选择了两类指标：①灾后生活满意度。生活满意度是衡量生活质量最常用的主观指标，也适合于灾害发生后的灾区环境。②对家庭经济状况恢复的预期。这一指标反映了灾区群众基于救助总体水平而形成的对未来的期望。灾害救助的最终目标是灾区恢复正常的社会生活秩序，因此灾区群众对恢复的期望也是很重要的主观指标。

（2）客观层次。

根据灾区群众最主要的生活维度，选择四类指标：①居住条件。对于地震灾害而言，灾后有所居是灾区群众最基本、最普遍的需求。居住条件的评估涉及较多方面，我们根据地震后灾区群众居住情况选择了3个具体指标，即是否漏雨、是否通电和是否与其他家庭混居。这3个指标对灾区群众对自身居住条件的评价都具有非常重要的影响。②生活条件。生活条件涉及人们保持正常生活的基础条件，同样包括很多方面。我们在最基本的生理活动中选具有代表性的3个指标，即是否能吃饱饭、饮用水是否安全和使用厕所是否存在困难。③医疗和健康状况。医疗和健康状况是人们满足基本需求的基础条件，也是人们生活质量的基础性维度。我们选择家庭成员是否受伤/生病、受伤/生病成员是否得到治疗以及治疗未收取费用作为3个指标来综合衡量灾区群众的医疗和健康状况。④文化生活和信息沟通条件。现代社会中，文化生活和信息沟通条件已经成为人们生活的基础条件和基本需求，因此非常有必要把文化生活和信息沟通条件作为衡量生活质量不可缺少的维度。我们选择了2个具体指标,一是人们能否使用大众传媒,包括能够看电视、听广播、看报纸或至少一种;二是能否使用电话进行通信(包括手机和小灵通)。

(3) 社区层次。

对于社区的评价也有多种维度。考虑到对灾区群众而言,最重要的维度是社区的安全性,因此我们选择了社区安全评价一类指标,并使用两个具体测量指标,分别是对居住点的安全评价和是否听说社区发生过治安或犯罪事件。

选择灾害救助生活质量评估指标体系后,还涉及如何进行综合评价的问题。一般而言,生活质量综合评价主要包括两类方法:一是客观赋权法,主要是根据数据本身的结构使用一定的定量方法计算得到指标体系的权重,如因子分析法、主成分分析法等;二是主观赋权法,就是由评估者或者相关领域专家根据理论和实践经验,综合确定指标体系的权重,如专家打分法、德尔菲法和层次分析法等。

以上方法在不同的生活质量研究中都有采用,但笔者认为之所以采用生活质量理论框架评估灾害救助政策绩效,就是因为生活质量概念具有综合性,是从人的全面性发展的需要来评价人们的生活状况和社会的发展程度。在这种情况下,将指标体系赋权汇总的意义本身是有限的,而且对不同指标赋权本身是一种静态、孤立的思维,与人的需求发展的动态性和相互联系性的特点相背离。因此,笔者提出采用雷达图的方式,以图形的形象方式综合评估不同指标的方法。同时,也采用给同一层次指标权重的方式计算综合性评估指数的方式以供参考。

三 背景:汶川地震和玉树地震中的灾害救助

2008年5月12日,四川省汶川县发生里氏8.0级地震,造成

69227人死亡，374643人受伤，17923人失踪[1]，直接经济损失8451亿元人民币；极重灾区和重灾区51个县（市、区），总面积达13.2万平方公里，受灾人口1986.7万（国家减灾委员会、科学技术部抗震救灾专家组，2008）。

汶川地震影响区域大，受灾人口众多，而且许多极重灾区社会生活的基础条件被严重破坏，灾后短时间内恢复维持社会运转的基本条件难以做到，所以在整个汶川地震抗震救灾期间，转移安置受灾群众达1510万人，包括一些群众被多次转移[2]。这种灾情使得灾民基本生活出现困难，需要救助的灾民数量非常庞大。党中央、国务院对抗震救灾工作的高度重视，社会各界对于灾区群众的高度关心，以及国家经济实力的显著提高，都促使国家有关部门推出一系列灾害救助政策。各级政府在地震后第一时间从全国调集了海量的救灾物资运往灾区解决灾民震后的紧急需求，仅民政部和各级民政部门的救灾物资储备系统就承担了132.14万顶帐篷、483.36万平方米彩条布（篷布）、461.21万床棉被、13万条毛毯、12万条毛巾被、1397.86万件衣物、10万台手摇照明灯和大批食品、饮用水等救灾物资的筹集和调运发放工作（邹铭，2009）。5月底，国务院抗震救灾总指挥部、住房和城乡建设部部署由20个省市向灾区对口援建100万套过渡安置房建设任务[3]，采用活动板房过渡性安置数百万房屋需要重建的灾民。6月初，民政部等部门还制定了对灾区困难群众实施临时生活救助的政策[4]，对因灾无房可住、无生产资料和无收入来源的灾区困难群众进行为期3个月的生活救助，标准为每人每天10元补助金和1斤成品粮。对因灾造成的"三孤"（孤儿、孤老、孤残）人员补助标准为每

---

[1] 胡锦涛：《在全国抗震救灾总结表彰大会上的讲话》，2008年10月8日。
[2] 胡锦涛：《在全国抗震救灾总结表彰大会上的讲话》，2008年10月8日。
[3] 住房和城乡建设部：《关于建设四川地震重灾区受灾群众过渡安置房的通知》，2008年5月20日。
[4] 《民政部 财政部 国家粮食局 关于对汶川地震灾区困难群众实施临时生活救助有关问题的通知》（民发〔2008〕66号）。

第二章 基于灾民生活质量的救助政策评估：理论框架及汶川和玉树地震的对比研究

人每月600元，受灾的原"三孤"人员补足到每人每月600元。之后民政部等有关部门又出台了灾区困难群众后续生活救助的政策，对"三孤"人员、生活困难的遇难（含失踪）者和重伤残者家庭人员、异地安置人员、因灾住房倒塌或严重损坏且生活困难的受灾群众的救助时间又延续3个月[①]。根据民政部和财政部公布的数字，截至2008年底，中央财政共下拨汶川地震受灾群众生活救助资金417.94亿元，共救助受灾困难群众922.44万人，包括"三无"人员891.33万人和"三孤"人员31.11万人。[②]

汶川地震灾害救助政策不仅大大提高了救助的力度，而且随着救助水平的提高，救助内容从简单的救命、保障温饱扩展到更广泛的方面。灾后第一周内，许多超乎以往救灾工作想象的灾民需要被反映出来，如婴儿奶粉、妇女用品、一次性内衣裤等，并很快得到救灾部门的重视，采取了有效措施解决了这些特殊需要。地震后，政府不仅派出了大量的医疗队伍进入灾区开展救治工作，对极重灾区、重灾区和集中安置灾民提供免费医疗服务，还在国内首次较大规模地重视地震对灾民造成的创伤后应激障碍（PTSD）等心理影响的问题，有组织地开展心理干预工作以满足灾民对心理救助的需要。特别是，四川省抗震救灾总指挥部根据汶川地震后灾区的实际情况和灾民的需要，创造性地提出把家庭的恢复和重建放到所有恢复重建工作之首，有效地把"以人为本"贯彻到灾害救助中。

2010年4月14日，青海省玉树县发生严重地震，最高震级达里氏7.1级。由于地震震中位于玉树州首府结古镇附近，截至2010年5月30日，地震造成2698人遇难，270人失踪，居民住房大量倒塌，财产损失严重，地震波及玉树等7个县的27个乡镇，受灾面积达

[①]《关于对汶川地震灾区困难群众实施后续生活救助有关问题的通知》（民发〔2008〕104号）。

[②]《2008年中央财政下达汶川地震生活救助金417.94亿》，中国网，http://www.china.com.cn/policy/txt/2009-01/05/content_17054199.htm。

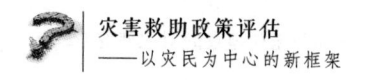

35862平方公里，受灾人口超过24.6万人。[①]

玉树地震灾区的救灾工作吸取了大量汶川地震的相关经验，其中灾害救助政策基本上沿袭了在汶川地震中的做法，同样将"以人为本"作为灾害救助的原则。2010年4月16日，距离地震发生不到两天，民政部、财政部、国家粮食局联合向青海省下发《关于青海玉树地震灾区困难群众实施临时生活救助有关问题的通知》，公布了临时救助的对象和标准，即地震发生后前3个月（4～7月）由中央财政直接拨款，向"三无"人员每人每天发放10元补助金和1斤成品粮；对因灾造成的"三孤"人员，每人每月发放补助600元。3个月过后对这两类人的救助按此标准再延续3个月。这一救助标准与汶川地震的救助保持一致，但是扩大了救助对象，新增了紧急转移补助金和遇难人员抚慰金，同时承诺在2010年9月底之前，对未入住永久性住房的灾民按照每户1顶20平方米的标准发放棉帐篷，用于过冬期间的临时居住[②]。而对救灾钱物的发放办法，民政部按照物资的不同来源，分别制定了《玉树抗震救灾物资发放管理办法》和《玉树抗震救灾捐赠物资管理办法》。这些办法明确了各部门的职责，即民政部负责管理，玉树州抗震救灾指挥部统一调配，由乡镇人民政府在临时发放点负责具体的发放工作，按照实名制进行发放，而武警、公安等部门负责救灾物资发放点物资在押运和发放过程中的安全工作。在救助政策实施中，政府强调要将符合救助条件的本地户籍及滞留本地的外地户籍受灾困难群众全部纳入救助范围，确保他们的基本生活。具体的发放标准及发放程序见表2-1。

2010年6月，国务院通过了《自然灾害救助条例》，并在9月正式实施。这是将已有的灾害救助政策经验法制化的重要举措。可以

[①] 《4·14玉树地震》，百度百科，http://baike.baidu.com/view/3481898.htm?fromId=3481647。

[②] 青海省民政厅、省财政厅、省残联：《关于玉树地震灾区群众过渡性安置生活救助及伤残人员康复救助的意见》，2010年7月。

表 2-1　玉树地震灾害救助政策的主要内容及发放程序

项目	对　象	内　容	程　序
困难群众补助款物	因灾造成无房可住、无生产资料和无收入来源的困难群众	每人每天 10 元补助金和 1 斤成品粮,补助从地震发生之日起算,时间为三个月	由受灾乡镇人民政府会同各村(牧)委会、社区居委会进行详细认真的排查,在此基础上,编制花名册,报县人民政府批准后进行发放。以村或社区为单位,由州、县民政部门统一组织人员,设立发放点,并登记造册,签名盖章,张榜公布
"三孤"人员生活补助金	因灾造成的孤儿、孤老和孤残人员,以及遭受此次地震灾害的原有孤儿、孤老和孤残人员	每人每月 1000 元,其中受灾的原"三孤"人员补足到每人每月 1000 元	
紧急转移补助金	对受震灾影响范围内的农牧民,因紧急转移而产生的相关费用的补助资金	每名受灾农牧民 150 元,对党政机关事业单位转移的每人发放 100 元	
遇难人员抚慰金	因灾直接死亡,或因受震灾影响受伤、因治疗无效而死亡的人员	每位遇难人员 8000 元,其中,中央财政补助 5000 元,地方财政补助 3000 元	由受灾乡镇人民政府会同各村(牧)委会、社区居委会进行排查,认定遇难人员身份,在此基础上,由公安部门进行最终认定,并出具死亡证明书。以村或社区为单位,由州、县民政部门统一组织人员,设立发放点,并登记造册,签名盖章,张榜公布

说,汶川地震和玉树地震两次巨灾,促使中国灾害救助政策实现了跨越式发展。

汶川和玉树地震两次巨灾后的救助工作普遍被认为非常成功,有效落实了"以人为本"的原则,并推动了中国灾害救助政策的重大改革。"以人为本"就是以满足灾民的需要为本,因此评估两次巨灾救助政策的效果,必须从满足灾民需要的角度出发,"生活质量"框架将提供一个有效的评估视角和方法。

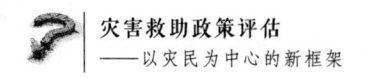

四 数据来源和被访者人口学特征

灾民"生活质量"救助评估从微观视角评估灾害救助政策的实施效果，因此需要对灾民经过灾害救助后的实际生活状态进行评估。为此，需要了解和收集灾民家庭和个人的数据。

为了更深刻理解自汶川地震后经过重大调整的灾害救助政策的效果，我们将同时评估汶川地震和玉树地震两次重大灾害的救助效果，并进行比较。因此，我们使用了两个数据。一是北京师范大学社会发展与公共政策学院2008年7月初在汶川地震灾区入户问卷调查的数据。问卷调查区域选择在绵阳市。绵阳市是四川省汶川地震六个主要受灾市（州）之一，也是其中受灾面积最大、受灾人口最多的地级市。汶川地震极重灾区和较重灾区2007年末人口为1986.7万，而绵阳市就有473.1万人。绵阳市下属共有9个县（市、区），其中北川县、安县和平武县属于极重灾区，其他还有5个县（市、区）属于较重灾区，1个县属于一般灾区，而汶川地震共有10个县（市）属于极重灾区、41个县（市、区）属于较重灾区，186个县（市、区）属于一般灾区。因此绵阳市非常具有代表性，以绵阳市为调查区域完全可以代表汶川地震灾区的一般情况。

该调查采用分层随机抽样方法，在绵阳市9个县（市、区）分别随机抽取两个社区，再在社区内随机抽取家庭入户调查。其中，震灾最严重的北川县和安县的样本量加倍。该数据清理后有效样本共2003户、7378人。调查时间为2008年7月2日至12日，距地震发生2个月。

二是北京师范大学社会发展与公共政策学院2010年8月初在玉树地震灾区入户问卷调查的数据。根据《玉树地震灾后恢复重建总体规划》，玉树地震灾区共7个县27个乡镇，受灾总人口

第二章 基于灾民生活质量的救助政策评估：理论框架及汶川和玉树地震的对比研究

246842人，但极重灾区仅有玉树县结古镇，受灾人口106642人。因此该调查将结古镇作为调查区域，完全可以代表玉树地震灾区的情况。

结古镇作为玉树州首府，在地震发生前发展很快，行政区域与居住区域并不完全吻合。地震后，一些社区被破坏得很严重，居民大都被安置在赛马场等集中安置点，另一些遭受破坏较轻的社区的居民则被安置在居住地附近，但是由于灾区群众的生活习惯等因素，很多群众多次迁移居住地点，包括有大量群众出于生活工作方便等目的，自行迁移安置至州、县政府临时办公点周围。基于这种情况后，该入户调查向当地群众反复了解灾后居住情况后，最终选取了震后结古镇内及周边群众居住最为集中的9个社区作为调查点，分别为赛马场、扎西大通、现代村、结古寺、解放路、扎西科、巴塘、西同和新寨，采用分层随机抽样方法抽选样本，由调查员上门入户调查，最终清理完成508份有效问卷。调查时间为2010年8月5~14日，距地震发生4个月。

两套数据样本的人口学特征见表2-2。

表2-2 样本人口学特征

变量		汶川地震			玉树地震		
		类别	频数（人）	百分比（%）	类别	频数（人）	百分比（%）
被访者	性别	男	1235	62.06	男	320	62.99
	婚姻状况	未婚	95	4.78	未婚	88	17.36
		已婚	1745	87.73	已婚	346	68.24
		丧偶	137	6.89	丧偶	50	9.86
		离婚	12	0.60	离婚	23	4.54
	民族	汉族	1562	78.14	汉族	26	5.12
		羌族	435	21.76	藏族	473	93.11
		其他	2	0.10	其他	9	1.57

续表

变量		汶川地震			玉树地震		
		类别	频数（人）	百分比（%）	类别	频数（人）	百分比（%）
被访者	宗教信仰	无宗教信仰	1712	88.61	无宗教信仰	25	4.92
		佛教	192	9.94	佛教	475	93.50
		其他	28	1.45	其他	8	1.57
	教育程度	文盲/半文盲	427	21.35	文盲/半文盲	323	64.21
		小学	754	37.70	小学	45	8.95
		初中	606	30.30	初中	45	8.95
		高中及以上	191	9.55	高中及以上	90	17.90
		正在上学	22	1.10			
	户籍	农业	1619	80.95	农业	379	74.61
	平均年龄（岁）		48.6			40.2	
家庭成员	性别	男	3710	51.16	男	1064	49.81
	婚姻状况	未婚	2144	29.67	未婚	1116	52.15
		已婚	4751	65.74	已婚	883	41.26
		丧偶	304	4.21	丧偶	102	4.77
		离婚	28	0.39	离婚	39	1.82
	民族	汉族	5574	76.58	汉族	106	4.95
		羌族	1692	23.24	藏族	1999	93.28
		其他	13	0.18	其他	38	1.78
	宗教信仰	无宗教信仰	6307	89.91	无宗教信仰	103	4.81
		佛教	627	8.94	佛教	2004	93.51
		其他	81	1.16	其他	36	1.68
	户籍	农业	5910	81.18	农业	1605	74.93
	平均年龄（岁）		38.1			29.1	
	家庭规模（口）		3.7			4.2	

注：表中百分比基于有效样本计算。本章其他表格均同此。

从表2-2可见，两次地震灾区的人口学特征有较大差异，汶川灾区样本以汉族为主，也包括一定比例的羌族人，大部分人无宗教信仰，大部分人接受过初等教育；而玉树灾区样本主要是藏族，绝大部分人信仰佛教，整体上更年轻，大部分人是文盲，家庭规模更大一些。

五 汶川和玉树地震灾害救助灾民生活质量评估

根据本章第二节讨论的灾民生活质量评估框架，灾害后，灾民的生活质量包括主观、客观和社区3个层次。结合两套数据调查情况，我们又进一步将其分为对灾后生活的满意度、对灾后家庭经济状况的评价、灾后居住条件、灾后生活条件、灾后医疗和健康状况、灾后文化生活和信息沟通条件以及对灾后社区安全的评价等7个生活质量维度。

1. 对灾后生活的满意度

"幸福"有客观性的要素，也有主观性的一面，对灾后生活的满意度能够比较充分地反映灾民对灾后生活的主观评价。两套问卷中使用的问题是"总体而言，您对当前自己的生活满意程度如何"。表2-3表明，虽然两次地震后环境都很恶劣，但大多数人对自己灾后的生活状况满意。汶川地震虽然比玉树地震震级高、破坏大，但四川灾区比玉树灾区的震前基础和自然环境都要好很多，所以汶川灾民比玉树灾民更满意一些，两者整体差异不大。

表2-3 对灾后生活的满意度

单位：%

问题及选项	对生活现状满意程度				
	很不满意	不太满意	一般	比较满意	很满意
汶川地震	2.10	11.64	49.58	25.54	11.14
玉树地震	8.07	14.96	44.88	25.39	6.69

2. 对灾后家庭经济状况的评价

家庭经济状况是保证生活质量的基础。这一维度也采用了被访者自评的方式，使用"你估计你家的经济状况什么时候能恢复到震前的水平"问题，结果见表2-4。从数据看，汶川地震中灾民对家庭经济状况恢复时间的评价差异较大，既有较多家庭认为能够很快恢复，也有很高比例的家庭对经济状况的恢复很悲观；而玉树地震中大多数灾民认为三至五年家庭经济状况就可以恢复，认为在半年或一年内迅速恢复和认为很难恢复的被访者比例都较小。总体而言，两次地震中的灾民对经历巨灾后家庭经济状况能够较快恢复的预期都比较低。

表2-4 对灾后家庭经济状况的评价

单位：%

问题及选项	你估计你家的经济状况什么时候能恢复到震前的水平				
	半年内	一年	三至五年	更长时间	很难恢复到原来水平
汶川地震	16.45	9.25	23.00	31.21	20.09
玉树地震	2.16	7.28	60.63	22.24	7.68

3. 灾后居住条件

居住条件是影响灾后生活质量非常重要的一个维度。居住条件主要体现在住所类型、是否防雨以及是否通电等多个方面，如表2-5所示。

表2-5 灾后居住条件

单位：%

问题	选项	汶川地震	玉树地震
地震后住房的情况	完全损坏	48.93	56.30
	大部分损坏，需要拆除	20.90	33.07
	部分受损，需要加固	23.57	7.48
	基本没有损坏	6.60	3.15
现在住所类型	帐篷/棚子	67.43	96.42
	板房	11.51	1.39
	普通房屋	19.41	1.59
	其他	1.65	0.60

第二章 基于灾民生活质量的救助政策评估：理论框架及汶川和玉树地震的对比研究

续表

问　　题	选　　项	汶川地震	玉树地震
现在住所漏雨吗？	漏雨	8.23	8.17
	一般	29.97	43.23
	不漏	61.80	48.61
现在住所通电吗？	通电	68.95	92.91
现在住所是否与其他家庭混居？	否	75.05	94.69

以上数据表明地震对居住条件的影响非常大。地震后最初几个月只能保证灾民有一个基本的居住场所。两次地震对比，玉树地震后灾民居住条件要略好一些，表明有关部门吸取了汶川地震灾民安置的经验，对玉树地震灾民的安置更为合理。

4. 灾后生活条件

生活条件主要体现在饮食及卫生条件等方面，如表2-6所示。

表2-6　灾后生活条件

单位：%

问　　题	选　　项	汶川地震	玉树地震
最近一周,家里人能否吃饱饭	能	99.00	98.03
最近一周,家里人喝水主要来源	公共自来水	40.96	55.31
	公用井	5.85	14.76
	自家自来水	10.43	6.89
	自家的井	32.14	15.94
	其他	10.63	7.09
家里人喝的水安全吗？	安全	92.94	38.98
	不安全	4.56	7.87
	不知道	2.50	53.13
最近一周,家里人使用厕所是否有困难？	有困难	39.92	27.17
最近一周,是否可以洗热水澡？	不可以	34.10	NA

注：NA，不适用。

45

从表2-6可见，两次地震后政府都有效保障了灾民基本的饮食条件，使其能够达到温饱的生活水平。汶川地震后灾民在使用厕所和洗热水澡方面还有一定的不足。玉树地震后灾民对饮用水安全程度评价不高，主要是因为玉树震前基础设施条件比较落后。由于玉树当地的风俗习惯，较高比例的人群不使用厕所、不经常洗澡，因此较难判断震后厕所和洗澡等卫生条件对其生活水平的影响，但使用公共厕所的人群存在较多的不满。

5. 灾后医疗和健康状况

地震对医疗和健康状况维度生活质量的影响主要体现在灾后身体伤病的不良影响以及所接受的治疗方面。表2-7列出了两次地震后灾民医疗的情况。

表2-7 灾后医疗和健康状况

单位：%

问题	选项	汶川地震	玉树地震
地震后,家庭成员受伤或生病	占总样本人口比例	12.02	8.24
主要在哪里治疗	没有治疗	20.36	10.83
	村卫生室/乡镇卫生院	29.94	8.33
	流动医疗点	20.36	30.83
	县及县以上医院	23.56	50.83
	其他地方	5.77	1.66
医疗费用	没有支付费用	59.69	80.00

从表2-7可以看出，灾后流动医疗点承担了很大比例的医疗服务工作，医疗费用也有很大比例的减免，灾害救助政策对于改善灾区医疗条件、保障灾民健康状况有重要作用。

巨灾对灾民心理也有严重的冲击，灾民的心理状况也是健康状况的重要方面。因为本文使用的汶川地震入户调查数据没有测量与心理相关的问题，所以无法评价汶川地震灾民的心理健康状况。但有不少文献研究了汶川地震后灾民的心理和精神创伤问题,普遍结论是灾民具有较严重的创伤后应激障碍状况,需要提供心理援助(刘晓、王家同,2011;彭静等,2009;孙倩等,2011;王相兰等,2008;温盛霖等,2009;赵高锋等,2009)。

玉树地震调查问卷使用了创伤后应激障碍自评量表(PTSD-SS)进行测量。结果 PTSD 总平均分为 2.90,2~3 分(轻度异常)比例为 45.96%,≥3 分(中重度异常)比例为 46.91%。表明玉树地震对灾区群众心理影响也很大。

由此可见,对灾民的心理援助也是非常必要的。汶川地震和玉树地震后,有不少心理援助队伍进入灾区工作,心理援助已经被纳入中国灾害救助政策体系之中。

6. 灾后文化生活和信息沟通条件

在信息社会背景下,文化生活和信息沟通已经成为基本生活条件。文化生活条件主要从各类媒体的可及性角度考察,信息沟通主要从使用电话情况考察,如表 2-8 所示。

表 2-8 灾后文化生活和信息沟通条件

单位:%

问题	选项	汶川地震	玉树地震
现在能看到电视吗?	能,在现在住所里	52.23	74.61
	能,在其他地方	19.06	2.56
	不能	28.41	22.83
现在能收听到广播吗?	能	55.00	15.19
	不能	45.00	84.81
现在能看到最新的报纸吗?	能	18.32	5.20
	只能看到几天前的	6.33	2.00
	根本看不到	75.36	92.80
现在家里人怎么打电话?	用手机	70.24	93.50
	用固定电话等	24.34	4.93
	现在还打不了	5.41	1.57

从表2-8可以看出，两次地震后，灾民的基本文化生活和信息沟通条件都得到了一定的保障。特别是，无线通信技术的发展使得即使是巨灾，也能够较快恢复灾民间便捷的信息沟通，这对提高灾民的生活质量有非常大的帮助。

7. 对灾后社区安全的评价

居住在一个安全的社区，是人们最基本的生活要素，对生活质量影响重大。巨灾后，大量灾民居住在安置点，对于社区安全问题尤为敏感。我们主要采用两类变量来评价社区安全，一类是受访者主观感受的社区是否安全，另一类是受访者近期经历和听说过的社区内发生的治安或犯罪事件。具体见表2-9。

表2-9 对灾后社区安全的评价

单位：%

问题	选项	汶川地震	玉树地震
现在居住点安全吗？	很不安全	0	1.38
	不太安全	1.27	6.50
	一般	13.49	45.87
	比较安全	64.20	39.76
	非常安全	21.04	6.50
最近一个月，您是否听说社区发生哄抢物资、盗窃、抢劫、强奸或斗殴等治安或犯罪行为？	有	29.00	4.92

表2-9显示，汶川地震后灾民对居住点安全的评价非常高，但听说过社区发生治安或犯罪行为的比例很高，而玉树地震后灾民对居住点的安全评价稍低一些，但很少有受访者听说社区发生治安或犯罪行为。总体来看，两次地震后，社区的安全程度都较高。

8. 综合评价

通过以上7个维度的比较，基本上可以对汶川和玉树地震后灾民的生活质量有一个全面的认知。为了更好地理解这些结果，我们将每个维度标准化为一个满分为10分的分数,并用雷达图将7个维度表示为一个整体的生活质量评价。表2-10列出了两次地震后,灾民生活质量各个维度的得分。从7个维度的平均分来看,两次地震后灾民的生活质量基本持平,得分均大于7分,达到较高水平,显示灾害救助政策取得了较好的效果。

表2-10 灾后生活质量分维度得分

单位:分

维度	汶川地震	玉树地震	计算方法
对灾后生活的满意度	6.6	6.2	标准化平均分
对灾后家庭经济状况的评价	5.4	5.5	选项作为5分制,标准化平均分
灾后居住条件	6.9	7.9	将不漏雨、通电和不与其他家庭混居比例作为评分标准,取均值并标准化
灾后生活条件	8.4	7.0	将能吃饱饭、饮用水安全和使用厕所不存在困难作为评分标准,取均值并标准化
灾后医疗和健康状况	7.6	8.7	将家庭成员未受伤/生病、受伤/生病成员得到治疗、治疗未收取费用作为评分标准,取均值并标准化
灾后文化生活和信息沟通条件	9.1	8.9	将能看电视或听广播或看报纸和能使用电话作为评分标准,取均值并标准化
对社区安全的评价	7.6	8.2	将对居住点安全评价和未听说社区发生治安或犯罪事件作为评分标准,两者标准化后取均值
平均分	7.09	7.14	—

图2-1用雷达图的方式更为清晰、全面地比较了两次地震后灾民的生活质量。从图2-1来看,两次地震后灾民的生活质量总体上均较高,影响灾民生活质量的主要因素是对灾后生活的满意度和对灾后家庭经济状况的评价。这两方面均属于主观感受方面,因此灾害救助政策进一步改进的方向在于如何改善灾民的主观感受。

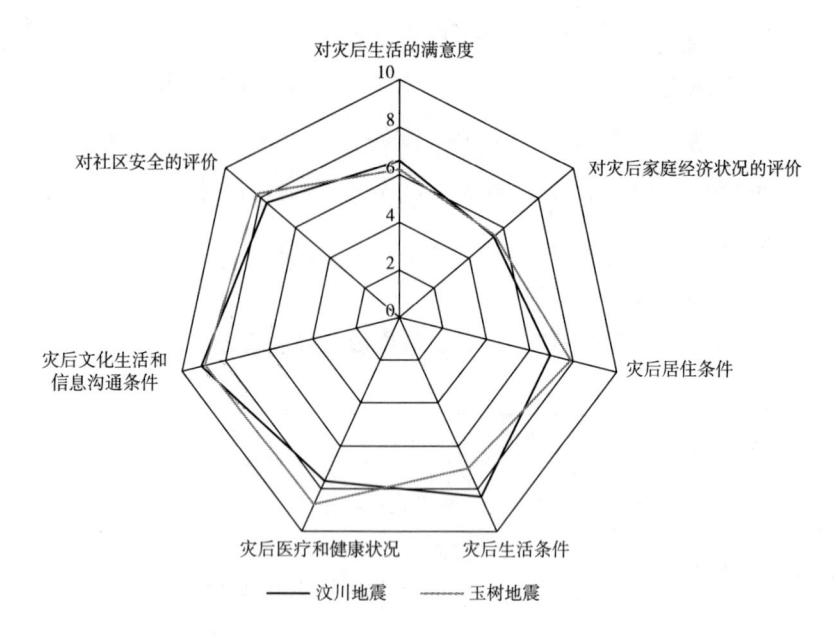

图 2-1 汶川地震和玉树地震灾民生活质量比较

六 讨论和小结

　　让人民幸福地生活是政府的责任。巨灾严重地破坏了人们幸福生活的社会基础，因此各级政府都必须积极实施各类灾害救助政策，帮助灾区群众渡过难关。汶川地震和玉树地震后，各级政府采取的救助政策主要包括临时安置救助、生活救助、医疗救助以及灾区社会秩序和治安的迅速恢复等。本章基于生活质量概念，建构了一个灾民生活质量评估框架用于评估灾害救助政策。进而，利用灾民生活质量评估框架，对两次地震后灾害救助政策的效果进行了实证分析和评估，表明各级政府的多种灾害救助政策，确保了灾区群众生活质量达到了基本的水平，有帐篷或其他临时安置场所住、能够保证温饱和洁净饮水、能得到医疗救治、有基本的文化生活和信息沟通条件以及安全的

第二章 基于灾民生活质量的救助政策评估：理论框架及汶川和玉树地震的对比研究

社区环境。影响灾区群众生活质量的因素主要在主观方面，灾区群众对重建自己生活的信心不足，因此灾害救助政策需要加强与灾后恢复重建政策的配合和衔接，不仅是单向地帮助灾区群众摆脱困境，也需要更加主动地动员灾区群众积极参与恢复重建。另外，灾区群众对灾后生活的满意度大多数集中于一般，相对其他维度的评价要低一些。

在本章分析灾民生活质量的 7 个维度中，前 2 个属于灾民主观层次，居住条件等 4 个维度属于灾民生活客观层次，最后社区安全评价属于灾民生活社区环境层次。从分析结果看，这一框架较为全面地反映了生活质量的各个方面，能够有效评价灾民的生活质量。用这一框架来评估灾害救助政策，不仅可以更为全面直观地分析政策目标实现的程度，而且可以更有针对性地指导如何进一步完善灾害救助政策。

汶川地震和玉树地震虽然都是巨灾，但显然汶川地震比玉树地震的严重性和破坏性大得多，但玉树地区地处雪域高原，原有的社会发展水平很低，而且由于交通和气候问题，灾害救助面临的困难更复杂。因此，本章对两次地震后救助政策的评估主要目的不是进行比较，而是从总体上评估中国灾害救助政策，特别是汶川地震后，在救助水平上发生跨越式提高后的灾害救助政策的效果。

本章使用的数据在调查时间上也存在一定差异，但由于玉树地震灾害救助工作面临的多重困难，所以两者在调查时救助政策的实施进展程度是相似的，可以说是处于同一阶段。

本章实证分析的一个不足之处在于没有充分考虑灾民的心理健康状况，而心理健康状况又是生活质量中非常重要的要素。这主要是受限于调查数据的结构。进一步研究有必要增强这方面的内容。

总之，从汶川地震和玉树地震后灾民的总体生活质量来看，中国新的灾害救助政策的效果非常好，不仅是简单提高了救助标准，而且救助的核心原则真正转向了"以人为本"，体现出各级政府执政理念的根本性转变。这表明自汶川地震后，中国对灾害救助政策体系进行的调整和改革是成功的。新的灾害救助体系以更为慷慨的临时安置政策、生活救助政策和免费医疗救援政策为核心，辅以高度重视灾区社会稳定和治安秩序、电视信号和无线通信等基础设施的迅速修复以及加强灾区防疫工作等有力措施，保证了巨灾后灾民的基本生活质量维持在较高的水平。这也是2010年中国政府通过《自然灾害救助条例》，将灾害救助政策法制化的重要原因。

这一体系进一步的发展还需要一些小的修补，如需要更加重视灾害救助政策对灾民主观幸福感受的提升。

第三章
公平感研究综述

　　灾害救助的基本政策目标是满足灾民的基本生活需要。马斯洛认为人的需要分为生存、安全、社会交往、自我尊重和自我实现五个由低到高的需要层次（Maslow，1970）。由此，从满足灾民需要的角度看，随着灾害救助水平的提高，灾害救助政策的焦点必然从关注灾民的生存和安全向社会交往和自我尊重转移，相应的，评估灾害救助政策的重点也必然从客观的生活条件转向灾民的主观感受。因此，灾民主观感受评估必然成为灾害救助评估的重要内容。

　　灾害救助的最终政策目的是迅速高效地实现灾区的恢复重建，所以灾害救助亦存在激励灾民积极投入恢复重建的目标。灾民投入灾区恢复重建的行为与他们对待恢复重建的态度有密切关系。灾民的态度则与他们对相关政策的感受有关。其中，对灾害救助政策的感受最为直接。因此，从实现灾害救助最终政策目标的角度而言，灾害救助评估必须重视对灾民的主观感受评估。

　　灾害救助政策既是各级政府对灾民负有的一种不可推卸的责任，又是一种以灾民身份为领取资格的普惠性社会福利政策，所以灾民对于灾害救助政策最为直接、敏感和突出的感受是灾害救助的公平感。为了以灾民的公平感为基础建构灾害救助政策评估框架，本章先对公平感进行综述。

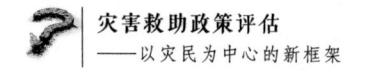

一　公平与公平感

公平是人类基本和重要的价值观念，在哲学、法学、政治学，乃至神学等领域均是基础性的概念和话题，并已经成为现代社会孜孜以求的理想和目标。有关公平的研讨源远流长，曲折激烈，但以哲学和政治学领域为代表的这些讨论，更多属于规范性的范畴，相关的实证研究则面临诸多困难，不易进行（Barry，1989；Brighouse，2004；Capeheart & Milovanovic，2007）。相对于偏伦理学和价值规范讨论范畴的公平，一些学者渐次区别出不同于社会价值规范而基于个体主观感受的公平（Adams，1965）。这种公平被称为"感受到的公平"（Perceived Justice），并区别于作为伦理标准的公平概念，被称为公平感。

显然公平与公平感既有联系，又存在显著区别。一方面，公平作为一种社会价值规范，凌驾和超越于个体的价值评判之上，由社会共识形成的公平与否的评判，更多的是指导和修正，而非取决于个体的价值判断。但另一方面，公平价值规范本质上又来源于社会个体的公平认知，是由社会个体公平价值观会聚而成的社会主流或共识观念。公平感是个体主观感受，受制于个体特质而形成的感性或理性的价值判断，因此，公平感与基于社会公平价值观的评判并不一定相同，社会主流价值观认为公平的事件，事件的当事者主观感受可能认为不公平。但同时所有社会个体又必然受到社会主流公平价值观的影响，成为个体形成自身主观感知的评判原则和方式。

虽然灾害救助公平感是对灾民主观感受的评估，与规范判断的公平与否并不一致，但是因为个体公平感的形成必然受到社会公平价值规范的深刻影响，所以有必要先讨论公平概念及相关理论。

公平，就是公正、不偏不倚的意思。《管子·形势解》云："天公平而无私,故美恶莫不覆;地公平而无私,故小大莫不载。"这是用人类个体面对自然无差别的环境条件来比喻公平的态度或状态。而在古希腊文中,亦有一词"Orthos"代表公平,其本意原指"表示置于直线上的东西",渐渐引申为"真实的、公平的和正义的东西"。由此可理解公平既是人们对一种无差别结果的要求,也是对一种客观中立态度的诉求。同时,从这些词语的来源也可看出公平是一种理想化状态的产物,实践中无法做到绝对的公平。但这并不影响自古以来人们对公平的期盼和追求。中文中有大量与公平词义相近或相关的词语,常见的有平等、均等、公正、正义、公允、公道等。在英文中涉及公平的词语也主要有3个:Equity、Justice和Fairness。Equity为平等、平均、公道,含有数量相同的意思;Justice为公正、正义、公平,含有以客观准则判断是非之意;Fairness为公平、公平性,是普遍意义上的公平,亦是日常使用的词汇。其中,Justice是公平概念最核心使用的词语。

Ryan认为学者对公平的研究始于哲学中公平的研究,最早可以追溯到柏拉图和苏格拉底,他们都是在探讨哲学意义上的公平(Ryan,1993)。在哲学意义上,学者们更关注公平的道德准则以及其社会规范。有学者认为在道德范畴内,一项规定或制度是否公平是和一般意义的哲学体系比较得出的(Colquitt,Conlon,Wesson,Porter & Ng,2001)。因此,"公平"的含义在不同的哲学体系内会有所不同,并形成不同的公平原则。亚里士多德认为公平对应于人的行为,Frost认为不同的群体支持不同的公平原则,他指出"民主人士支持自由,统治者支持财富,其他人支持血统高贵"(Frost,1972)。霍布斯在1651年就提出公平的契约论,认为公平依赖于个体之间达成的条款(霍布斯,1985)。公平的契约论从本质而言是个体间的共识。

从不同的价值观出发,会得到不同的价值共识。对于公平的价值共识有如下一些代表性的观点。

1. 基于功利主义的观点

古典功利主义的创始人边沁认为所有人福利（幸福）之和就是一个国家的福利（幸福），因此公共制度和公共行为的目标是实现"最大多数人的最大幸福"（边沁，2009）。在此基础上，庇古进一步把福利加总定义为社会成员从各种满足来源获得的效用之和，并假设个人效用之间具有完全可比性，可以用基数测量，因此从功利主义的观点来看，总福利的提高具有普遍的公平性（庇古，2007）。庇古又进一步假设经济福利，认为可以用货币衡量的那部分福利的变化与总福利的变化相同，用经济福利代替总福利，进而从功利主义的思想出发，得出提高经济福利的两个充分条件，即"①如果国民收入增加而分配状况没有'恶化'，即穷人的收入没有下降，那么经济福利将提高（效率条件）；②如果分配状况改善了而国民收入没有下降，那么经济福利将提高（公平条件）"（尼古拉·阿克塞拉，2001）。总之，功利主义的公平原则可被归纳为两点：①如果在实践上可以测量和计算总福利，那么总福利越高就越公平；②总福利不下降的前提下，分配越平均就越公平。

2. 罗尔斯的公平理论

公平作为一种价值共识，受到个体价值观的直接影响。当进行价值判断时，公平与否又不可避免地掺杂对个体利益的考虑。因此，罗尔斯提出了一种假想的试验来推理更为纯粹的价值共识。这是一种延续自霍布斯，及其后洛克、卢梭及康德等的社会契约理论，并上升得更为抽象的理论。实验假定，每个人都居于这样一种初始状态，即他们作为自由、平等的人，完全不考虑自身的状况，包括他的社会状况，如阶层和社会地位等，他的资源禀赋，如体力、智力等，他的个人偏好，如风险厌恶程度，以及他的其他基本状况，如年龄、政治、经济状况等，来决定公平社会的结构或原则。罗尔斯称这种情况为"无知之幕"（Veil of Ignorance）。罗尔斯认为在"无知之幕"下，所有社会成员会达成两条公平原则的共识：①在与类似的全体自由制度相容的、最为广泛的基本自由平等的总制度中，每个人都要享有平等的权利；②对社会和经济不平等做出制度安排以使最为不利的人的利益最大化，所有人在机会平等的条件下有事可做（罗尔斯，1988）。

罗尔斯的公平理论最重要的公平原则是使最为不利的人的利益最大化，或称为差异原则。这一原则实质上是基于个体偏好描述的社会状态。就这一点而言，罗尔斯的公平理论与功利主义的公平观点具有一致性，它们都属于福利主义的公平原则。另外一些哲学家和经济学家则不认可个人主义的方法论前提，提出了非福利主义的公平原则。

3. 诺奇克的公平理论

诺奇克认为，个人效用并不是评价公平标准是否得到满足的适当尺度，公平旨在保障自由以及权利的行使，而不是满足偏好，程序而非分配结果才是评价公平的核心角度，只要个人的基本权利得到了尊重，那么任何分配都是公平的（诺奇克，2008）。相应的，除了生存权、获得个人劳动产品的权利以及自由选择权等是绝对的，以及每个人均有义务尊重他人的基本权利外，个体不应当受任何约束（诺奇克，2008）。诺奇克的公平理论也被称为应得权利理论，这是一种自由意志主义的观点，与西方源远流长的自由主义思想相一致。诺奇克1974年出版的《无政府、国家和乌托邦》一书，主要是为了反驳罗尔斯1971年出版的《正义论》一书。

4. 森的公平理论

森则独辟蹊径，通过创新性引入功能和潜能的概念，提出摒弃福利主义的观点来解决自阿罗不可能定理所引发的集体选择悖论。森认为某种商品的数量和这种商品的使用所产生的效用，并不能完全反映个人或社会的福利，一方面商品的总量不能反映一些社会个体可能得不到这种商品的状况，另一方面个体使用商品所产生的效用是心理上的反应指标，不能够（充分）揭示某些影响，如个人通过使用商品而实现的某些功能。森认为正是由于个人功能的实现，如健康、自由迁徙、自尊、受人尊重、参与社区发展等，而非效用，才使个人真正享有了利益，使他们获得了行使积极自由的权利。进一步的，不仅有效地实现某些功能很重要，即使这些功能实际上不一定能实现，但具有实现这些功能的可能性（潜能）同样重要（Sen, 1982、1992、2009）。

以上这些对于公平理论的认知差异本质上缘于其背后的哲学体系和价值观念，因此难以比较优劣。从价值共识出发讨论公平，本身就意味着对公平的原则不能达成共识，更多是不断丰富对公平内涵的理解。但随着探讨的深入，也意味着理论不断抽象化，反而脱离了社会生活的日常语境。

与公平的哲学思辨和伦理学探讨相对应，社会科学对于"公平"则更侧重于其与现实社会现象的呼应。"公平"作为一种社会现象，不仅与社会的客观制度安排，如权利、分配方式等相关，也与社会个体对这些安排"公平与否"的判断密切相关。于是，社会个体对于"公平"的理解和感受得到了社会科学家更多的关注。

判断一个行为或一项政策是否公平，个体对它的感知建立在对它已有的经验或理解上（Cropanzano & Greenberg, 1997）。因此，"何为公平？"源于个体过去的经验，判断的客观因素是和个体的主观的公平感知相联系的。也就是说，个体的公平感是对公平的主观反映，因此可以通过对个体公平感的研究来了解事物（规定、政策）的公平性；同时公平感也可以说是一种动机，通过对它的研究可以对个体的行为和态度进行预测。而且公平感作为一种个体的主观感受，虽然具有不可直接观察的困难，但相对于作为规范判断的公平，更容易对其开展实证研究。基于公平感发展出的组织公平理论等另辟蹊径，成为讨论公平问题更具实践意义的领域。

二　组织公平

自 Adams 以来，组织公平领域得到了许多研究者的重视，研究成果丰硕，该领域不仅形成了比较完备的理论框架，而且积累了大量的实证研究成果。French 于 1978 年提出"组织公平"这一概念，特指工作场所的公平（French, 1978）。Greenberg 将这一概念应用于组织行为的研究中，将其阐述为在组织环境中个人对公平的评价或感知（Greenberg, 1987）。组织成员会对于他们个人及他人在组织环境中所受到的待遇形成一些主观的评价、感觉和看法（李晔、龙立荣、刘亚，2003）。组织公平理论对这些看法和感觉进行分类，从而研究在组织中人们对公平的感知及其影响（Saunders & Thornhill, 2003）。组织公平感在一定程度上有别于一般性的社会公平感，它强调组织环境，即研究在某一特定职业或是环境中的公平感。因此，在国内，有学者把组织公平的概念解释为："在企业中，组织公平感是员工的一种心理体验和主观感知，是企业员工对与自己或者他人利益相关的政策、制度、领导对待方式以及相关措施公平性的主观感受。"（蒋春燕，2007）周浩和龙立荣在其研究中也将团体对组织中员工公平的感知纳入到公平感定义中（周浩、龙立荣，2007）。

　　组织公平研究领域的学者们一般认为组织公平理论经历了四个阶段（Colquitt, Greenberg, & Zapata-Phelan, 2005; Zapata-Phelan, Colquitt, Scottc, & Livingstonb, 2009）。2005 年出版的组织公平理论总结性著作 *Handbook of Organizational Justice* 系统梳理分析了这四个阶段，为后来的研究者提供了坚实的基础。

　　组织公平理论通常追溯到 1965 年，Adams 在其论文《社会交换中的不公平》中首先系统地阐述了公平感的概念，这一概念基于 G. C. Homans 的社会交换理论而提出，Adams 进一步分析了在人类的交换关系中，造成公平感缺乏的原因及其后果，并提出人们的公平感知主要来自报酬数量分配的公平性，侧重于最终的分配结果（Adams, 1965）。后来的研究者把这种对公平感来源的解释称为"分配公平"（Distributive Justice）。分配公平是人们对于分配所得结果是否公平的感知（Leventhal, 1976; Markovsky, 1985）。

20世纪70年代中期,研究者开始关注达成分配结果之前的过程,认为如果最终的分配结果取决于之前的一系列过程,那么这些过程本身才是决定人们感觉公平与否的关键,换言之,只有用合理的方法和过程才能保证最终的分配结果的公平,那么人们的公平感知也应集中于分配的方法和过程是否合理(Leventhal, Karuza, & Fry, 1980; Thibaut & Walker, 1975)。Thibaut 和 Walker 在研究法律过程中审判的公平性时提出了程序公平(对程序的公平性的感知,Procedural Justice)的概念,他们认为人们对决策公平性的评价不仅仅源于对分配结果的关注,还源于对实现这一结果的过程的关注,只要人们有对该过程控制的权利,不管最终结果如何,都会显著增加人们的公平感(Thibaut & Walker, 1975)。随后 Leventhal 等学者在组织情景中引入程序公平的概念,进而提出程序公平的六条准则(Greenberg, 1978; Leventhal et al., 1980)。他们的研究开启了研究者对程序公平的关注,并且引发了研究者对组织公平感多维度的讨论,从而使组织公平感的研究进入了第二个阶段。组织公平感被分为两类,一类是分配公平,即对于分配结果和资源公平性的知觉;另一类是程序公平,即个体对于达成资源配置或分配结果过程的自我感知(Colquitt et al., 2001, 2005)。

组织公平感第三个阶段的研究始于互动公平(Interactional Justice)的提出, Bies 和 Moag 于1986年将"互动公平"引入组织公平感的两维模型中,所谓的互动公平就是指决策过程中个体接受到的人际待遇的状况(Bies & Moag, 1986)。当决策者对人们怀有敬意,并且能够对决策做出清楚的解释时,互动公平就形成了。尽管很多研究者将互动公平作为公平感的第三个维度(Aquino, Lewis, Bradfield, & Aquino, 1999; Bies & Shapiro, 1987; Skarlicki & Folger, 1997),但是也有学者认为所谓的互动公平只是程序公平的一部分(Moorman, 1991; Niehoff & Moorman, 1993)。然而从实证研究来看,已经有研究者利用合理的测量方法将程序公平和互动公平两者区分开，只是两者依然存在很高的相关关系（Colquitt et al.，2001）。

之后 Greenberg 又提出了一个新观点，在互动公平的基础上将互动公平分为信息公平（Informational Justice）和人际公平（Interpersonal Justice）（Greenberg，1993）。信息公平是指权威或第三方是否给组织内的员工解释采用分配方式的原因及过程，必须保证当事人得到了应有的信息；人际公平主要指决策过程中上级或者第三方对待个体的态度和方式，比如是否尊重对方，是否有礼貌等人际交往方式及其程度。

至此，组织公平感的四个维度基本形成，于是进入该领域的最后一个阶段——第四阶段，也被称为整合阶段（Integrative Wave）（Colquitt et al.，2005）。在这一阶段，学者们开始构建模型和理论用以检验公平感多个维度的共同影响。目前，这一阶段仍在进行之中。与之前的三个阶段不同，整合阶段的起点是对争论的接受。尽管从 21 世纪初公平感理论化的整合最为激烈，但大多数理论化的努力是建立在早期的模型基础上，这些模型在本质上也是整合的。如 Folger 于 1986 年就提出用综合模型（Integrative Model）来代替 Adams 的公平理论（Equity Theory）的观点（Folger，1987），要先于后续模型和综合多维公平理论的形成。在整合阶段的逐步发展过程中，先后确定了三类整合方法：反事实的概念化方法（Counterfactual Conceptualization）；团体取向的概念化方法（Group-oriented Conceptualization）；直观推断的概念化方法（Heuristic Conceptualization）（Colquitt et al.，2005）。

本节下文将围绕四个方面的内容具体地梳理和阐述组织公平感的理论：①个体产生公平感知的原因；②个体公平感知的形成过程；③公平感的结构，也就是维度；④公平感的效果变量及其作用机制。

由于公平被看作是与动机相关的一种现象，它会影响人们的其他态度和行为。这也是组织心理学中动机理论的核心观点，它包括两方面内容：一是过程型的理论（Process Theories），侧重于解释动机行为的认知步骤；二是内容型的理论（Content Theories），也被看作是一种特殊的分类理论，主要对影响动机的变量进行识别。基于此，学者认为公平感理论也可分为两类：第一类是用以阐述人们产生公平感知的原因的内容型公平理论；第二类是解释个体的公平感知形成过程的过程型公平理论（Colquitt et al.，2001；李晔等，2003）。

（一）个体产生公平感知的原因

组织中的成员为何关注规则和制度的公平性，是什么驱使他们关心自己或他人在组织中受到何种待遇以及待遇的程度？这就是上文提到的内容型公平理论。截至目前，研究者们提出了四种模式来解释这一问题：①基于个人利益考虑的工具型模型；②与个体在团队或群体中地位相关的关系模型；③将公平作为人类道德伦理重要原则的道德价值模型；④多重需要模型。

1. 工具型模型

对应于经济学理论中的理性经济人理论假设，组织公平感领域的研究者也将工具型模型（Instrumental Model）称为"利己模型"。该理论模型认为个体的公平需求是基于个人利益的考虑，人们对事物公平性的关注是因为他们相信公平性保证了个体的既得利益（Cremer & Alberts，2004；Saunders & Thornhill，2003；Thibaut & Walker，1975）。"工具性"的意义在于，个体由于对自己所得的关注而重视其是否受到公平的待遇。Thibaut 和 Walker 认为"过程控制"与"决策控制"是影响公平感的最重要的两个因素：当人们拥有对过程的控制时，即便最终获得的结果不理想（低的结果公平），他们的公平感依旧是较高的，过程控制可以理解为"程序公平"，决策控制程度即为结果公平（Thibaut & Walker，1975）。根据工具型模型的观点，人们为了这种过程控制可长期带来更理想的利益结果，可以接受暂时的不利分配结果。

2. 关系模型

与工具型模型关注个人的利益所得的观点不同，Lind 和 Tyler 提出人们为何关注程序公平的不同解释——关系模型，也被称为"团队价值模型"。按照他们的观点，人们关注自己得到的待遇是否公平，除了对自身的重视外，还来自对团队成员间长期存在的人际关系的关注，他们希望获得群体中其他成员的尊重（Lind & Tyler，1988）。所谓关系模型，就是群体中的个体是通过个体受到待遇的公平性来确定自己在该群体中的自我价值、被认可度以及地位（Lind & Tyler，1988；Tyler，Degoey，& Smith，1996）。根据关系模型理论人们对公平的重视来源于个体对在组织中有价值的自我地位的渴望。

3. 道德价值模型

Folger 在研究中指出工具型模型和关系模型就其本质而言是相同的，都是出于个人利益的考虑，只是两者关注不同的结果类型，前者侧重于经济上的关系，后者则重视社会关系（Folger & Cropanzano，1998）。随后 Folger 在此基础上提出道德价值模型（Moral Virtue Model）作为前两个模型的补充。这一理论认为个体对公平的关注源于人的道德判断，是人们对他人的尊严及其社会价值的一种基本的尊重（Folger & Cropanzano，1998）。因此，作为一种被普遍认可的道德价值标准，即便公平无法带给个体更多的个人私利，但人们也会自然而然地关注规则或制度的公平。后来的实证研究结果也支持了这一结论（Turillo，Folger，Lavelle，Umphress & Gee，2002）。

4. 多重需要模型

21 世纪初，研究者提出新的观点来解释人们关注公平的原因，即源于部分重要的心理需求。Cropanzano 等人由此提出了公平的多重需要模型（Multiple Needs Model）（Cropanzano，Byrnea，Bobocelb & Ruppc，2001）。和之前的 3 个模型强调人的某一特定需求不同，该模型涵盖了人的多种需求，这些彼此相联系的心理需求共同驱动人们的公平感。按照多重需要模型的观点，个体至少包括四种重要的心理需求："控制、归属、自尊和有意义的生活"（克莱默，1996）。而这四种心理需求分别对应上文介绍的四个模型：控制——工具型模型、归属——关系模型、自尊——关系模型、有意义的生活——道德价值模型。

所谓"控制需要"（Control Needs），即在个体所处的环境中，人们拥有控制这一环境的需要。研究者将工具型模型称为控制模型（Control Model），这是因为该模型对公平与个体的这种控制需要的关系进行了合理的解释：人们认为有了公平的分配过程就可以预见长期的、利己的分配结果。而人作为社会化的产物——社会人不能脱离群体生存，他们渴望被群体中的成员认可和尊重，并成为其中的一员，即有"归属需要"（Belonging Needs）。这种"归属需要"对应于关系模型，研究者们认为公平的待遇可以使个体在人际交往中的关系得到加强，利于人们进行更良好的合作（Masterson, Lewis, Goldman & Taylor, 2000）。在组织中，个体迫切希望得到群体成员对自己积极的评价，这便是"自尊需要"（Self-esteem Needs）。有研究表明，不公的待遇会影响人们在组织中的身份和价值，也会使个体的自尊受到伤害，还会伤害个体的其他情绪（Russell Cropanzano & Ambrose, 2001; Lind & Tyler, 1988）。Folger指出公平是道德伦理的准则之一，因此人们自然希望自己是道德的维护者和实践者，公平连接人类的道德品质，个体有在自己的生活中追求意义的需求——有意义的生活（Meaningful Existence）。

（二）个体公平感知的形成过程

过程型公平理论主要用于解释个体的公平感知的形成机制。该理论主要包括早期的Adams的公平理论和公平感理论发展第四阶段逐渐形成的两类方法，即反事实的概念化方法，包括Folger提出的参照认知理论和公平性理论，以及在直观推断概念化方法中 Lind 和他的同事们提出的公平直观推断理论和不确定性管理理论。

1. Adams 的公平理论（Equity Theory）

Adams 的公平理论是最早且最经典的公平理论，其最大的贡献在于，首次阐明了公平感的概念，开创了现代组织公平感理论。这开了区别于哲学范畴中基于道德准则的公平讨论的先河，并将公平的研究重点转向了个体对规则制度公平性的评价。他认为人们对公平性的判断是将自己的投入产出比与他人的投入产出相比较得出的，虽然这种投入产出数量的比较是"客观"的，但其中却包含了"主观"的意义（Adams，1965）。这是之前的理论所未涉及的领域。

虽然 Adams 的公平理论对公平的解释只考虑了最终的决策结果对公平的影响，忽视了先于结果的达成过程对公平的影响，但 Adams 的理论开启了人们对个体公平感知的研究，为后续理论的产生和发展奠定了基础。

2. Folger 的参照认知理论（Referent Cognitions Theory）

Floger 和他的同事们提出两种方法，用以根据人们"为何存在"的感知建构组织公平。这一概念化过程后来被归属于"反事实的概念化"方法[①]。它包括两个主要理论：参照认知理论和公平性理论。

针对 Adams 公平理论的局限性——只关注人的痛苦感受，参照认知理论提出还应关注个体被相对剥夺后伴随而生的其他感知，比如怨恨、愤怒、不平等等。该理论认为在任何事情发生前，个体都会自然而然地产生一种"理应如何"的心理判断——作为事情真实发生的一个参照认知（Folger，1987）。基于此，Folger 提出，如果满足以下三个情景就会导致最终决策过程的愤怒会最大化：①个体认为事情应该以什么样的方式发生，以及最终达到的结果如何，即可参照的结

---

① 反事实或称反事实推理是心理学归纳的一种人类个体普遍存在的心理现象，指在心理上改变过去的某些环节，以便想象事情可能有所不同。

果较高；②当个体认为没有事实表明目前的结果比将来的结果不好时，自然觉得改善结果的可能性比较小，即对事情可能改善的感觉弱；③个体认为事情应该以不同的方式发展，即说服性低（Folger & Konovsky，1989）。Folger 等认为说服性低也反映了公平感的两个维度——互动公平和程序公平，而可参照结果较高则反映另一个维度——分配公平。

参照认知理论也存在一定的局限性，2001 年 Cropanzano 等在其研究中指出参照认知理论主要侧重对参照对象的经济和物质利益的考虑，忽视了社会情绪对个体公平感知的影响，比如人们面临的不利情境，以及这种情境违反一般意义的公平道德原则的程度（Cropanzano et al., 2001）。

3. Folger 的公平性理论（Fairness Theory）

为了弥补参照认知理论的不足，Folger 后来对参照认知理论进行了修正，提出了区别于 Adams 的公平性理论（Folger & Cropanzano，1998）。该理论认为，人们的公平感知是在他们对其他个体或组织是否为某一事实的结果承担责任的认知过程中形成的，即公平感是一种责任认定的过程，这一过程同样是通过反事实比较的方式而产生（Folger，2001；Folger & Cropanzano，2001；Folger & Cropanzano，1998）。Folger 公平性理论试图解释何时权威应为不公平负有责任，并特别指出，当对以下 3 个反事实问题做出肯定回答时，这种责任就会产生：①如果有不同的结果或过程发生，个体会比现在更好吗？换言之，个体会有什么损失吗？②权威可以有不同的方式吗？即有其他可行的方式吗？③权威应该采取不同的方法吗？即权威违反道德和伦理准则了吗？（Folger & Cropanzano，2001）

该理论用反事实的思维解释了公平的认知过程，认为个体是通过信息来认定责任过程的，人们形成公平或不公平判断的原因是多元的。

4. 公平直观推断理论（Fairness Heuristic Theory）和不确定性管理理论（Uncertainty Management Theory）

Lind、Van den Bos 等最早开始关注心理捷径的本质，并将其应用于形成和利用公平的心理学判断，后来被称为"直观推断的概念化"方法（Lind, Kulik, Ambrose & Park, 1993；Van den Bos et al., 1997）。它包括公平直观推断理论和不确定性管理理论。

公平直观推断理论是在关系模型的测量中发展出来的，来源于关系模型的核心观点：人们的公平感知产生于对权威合法性的认可。通过实验可证明：个体是通过对公平的感知来决定是否接受权威的命令，于是"直观推断"可以理解为"判断对权威指令是否接受的心理捷径"。公平直观推断理论基于以下两个基本假设：①公平的直观推断是信任的合理预测源（Van den Bos, Vermunt & Wilke, 1997）；②个体依照获得信息形成公平的感知，进而会影响最后的决策（Lind et al., 1993）。这两个假设都在实证研究中得到了验证。

作为直观推断概念化的第二个理论——不确定性管理理论，其实是公平直观推断理论的延续和发展。该理论讨论的核心是：信任的不确定性。Lind 等学者认为，人们可以从公平经历中得到安全感，这些经历可能与不确定性相关也可能是完全无关的（Lind & Van den Bos, 2002）。

（三）公平感的维度

无论是解释人们产生公平感知的原因，还是解释人们公平感知的形成过程，都涉及公平感的结构问题，也即公平感的维度。

1. 分配公平（Distributive Justice）

人们对公平问题的关注主要源自在工作情境下个体受到待遇的不同，这激发了人们对公平的思考。作为现代公平感理论发展的第一阶段——20 世纪 50~70 年代，研究者主要围绕分配公平开始了相关研究。

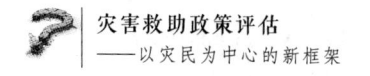

(1) 社会交换理论 (Social Exchange Theory)。

1975年以前，公平感的研究主要关注分配公平。但公平理论的产生主要基于Homans的社会交换理论 (Homans, 1958)，也称为社会交换中的公平。

20世纪50年代，Stouffer在研究中首次提出"相对剥夺" (Relative Deprivation) 的概念，他认为个体对最终结果的评价不仅仅源于绝对结果，还来自与他人的比较 (Colquitt et al., 2005)。1961年，Homans根据这一观点提出社会交换理论，认为人们会依据自己过去的交换体验对未来的交换准则有一个预期；同时他也指出公平判断的主观性，即人们在交换过程中对结果的判断是非常主观的 (Homans & Merton, 1961)。

在Homans之后，学者Blau也对这种交换关系给出了自己的理解，他认为人们可以基于自己的体验或经历对他人可能得到的结果进行预期，并将这种预期分为两类：由社会规范和准则形成的一般预期 (General Expectation)、由特定的交换主体拥有的不同信念形成的特殊预期 (Particular Expectation)，并将这两类预期命名为"公平交易"(Blau, 1964)。公平交易概念的提出也是Blau理论与Homans理论的最大差异。Blau的研究对后来的公平理论最大的贡献在于，他对公平交易的交易类型进行了区分，将公平交易分为两类：经济交易和社会交易。之后的研究者们在对与公平相关的个体工作进行行为分析时，更多使用社会交易关系来讨论。

(2) Adams的公平理论 (Equity Theory)。

作为现代组织公平理论的经典理论，Adams的公平理论为后来组织公平理论的发展奠定了坚实的基础，其理论是对Homans社会交换理论的延续和发展。但是，不同于Homans只侧重关注不公平对结果满意度的影响，Adams还关注了公平的其他影响，比如工作地位、资历、社会地位等，并且提出了分配公平的定义 (Adams, 1965)。Adams用投入和产生之比来解释公平现象，人们用自己现在的投入产出之比与自己过去的，以及他人的投入产出的数量比进行比较，由此来判断自己是否获得公平的待遇。这种与不同参照对象进行比较的观点实际是基于 Stouffer 的相对剥夺理论。

作为组织公平感领域最有影响力的理论，Adams 用 Festinger 的认知失调理论（Festinger，1957）对不公平产生的结果做了具体的阐述，他认为人们不公平的感知是由投入产生的数量比在与他人比较的过程中产生的，个体自然而然地通过心理和行为的调整来平复由不公平感导致的不平衡。但是 Adams 理论没有对投入产出比做出清晰的定义，这使公平理论饱受争议，然而这无损于 Adams 对公平研究做出的开创性贡献。

（3）分配公平的多重标准。

Adams 的公平理论可归纳为分配公平的第一个准则——按照投入，即个体付出的多少来分配报酬。显然，这个准则应用于解释现实现在还存在许多模糊之处。之后，许多学者基于分配公平又提出了其他一些准则。

20 世纪 60 年代末至 70 年代初，Leventhal 进一步讨论了分配公平的分配准则，与 Adams 的公平理论仅关注组织中利益分配结果的获得者不同，他更关注利益分配本身，并提出：分配公平的意义不仅仅使人们形成公平的判断，而且应该通过公平的分配使得组织成员达成组织的目标（Leventhal，1976）。因此，分配准则应该考虑公平对社会情感关系的影响。此外，Deutsch 提出了与 Leventhal 几乎相同的观点，认为 Adams 的单一公平准则不适用于非经济利益的社会关系，不同的情景（工作中或家庭生活中）、不同的组织目标（团队和谐、幸福）以及不同的个人动机可以产生不同的分配原则（Deutsch，1975）。由此，Leventhal 和 Deutsch 扩展了原有的分配公平准则，认为达到（实现）公平感受的分配行为应综合公正（Equity）、平等（Equality）和需要（Needs）等多项准则。之后的研究者对公平的分配准则还进行了进一步扩展，发展出四标准（Lerner，1977）和十七标准（Reis，1986）等。

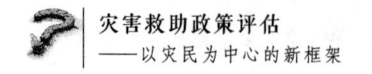

2. 程序公平（Procedural Justice）

早在20世纪六七十年代对分配公平的研究中，研究者们就开始讨论达成分配结果之前的分配过程对人们公平感知的影响，即程序公平。在 Leventhal 的论文中谈到分配结果之前的分配方式会影响个体的公平感知，这算是较早对分配过程——程序公平真正意义上的关注（Leventhal，1976）。但对程序公平建构做出最大贡献的是 Thibaut 和 Walker，他们不仅界定了程序公平，还在实验中检验了其理论假设，建构了程序公平的理论框架。

1975年，Thibaut 和 Walker 共同完成了一本结合法理学和社会心理学理论的著作，在这本著作中描述了基于法律程序的辩护方式，并将过程的研究引入公平文献中。他们发现第三方调解纠纷的过程包括调解和仲裁，这一过程兼有处理阶段和裁定阶段，因此影响辩护过程，既包括过程控制（Process Control），也包括决策控制（Decision Control）。Thibaut 和 Walker 认为，只要辩护者在过程阶段保留控制，他们愿意放弃对决策阶段的控制。换言之，如果辩护者觉得自己有对过程的控制，他们会认为程序是公平的，例如他们可以自主掌控辩护阶段，保证他们有充分的时间陈述自己的辩护词等。这种过程控制的效应简称为"发言权"效应或"公平过程"效应（Folger，1987；Lind & Tyler，1988；Thibaut & Walker，1975）。实际上，他们的研究就是将过程控制等同于程序公平。

虽然 Thibaut 和 Walker（1975）提出了程序公平的概念，但他们的主要工作是关注法律程序中的辩护反应。虽然最初对程序公平的讨论主要集中在法律层面，但是这也引起了其他研究者的兴趣（Tyler & Bies，1990）。Leventhal 和他的同事把程序公平的概念引入非法律的领域，即组织情境中，并且在过程控制的基础上进一步拓展了程序公平的决定因素（Leventhal et al.，1980）。Leventhal 的程序公平理论提出程序公平的6个准则，对后来的组织公平研究产生深远的影响，这6个准则分别是：①一致性原则（Consistency Rule），保证不同的个体或在不同的时间是一致的；②无偏见原则（Bias Suppression Rule），对个体不能有偏见和私利；③准确性原则（Aaccuracy Rule），保证用以决策的信息是正确的；④代表性原则（Representative Rule），所有成员的利益都可以得到反映；⑤可纠正原则（Correct Ability Rule），当决策有问题时可以对其进行及时的修正；⑥伦理道德性原则（Ethicality Rule），分配程序不违反一般意义上的伦理道德准则。

Lind 和 Tyler 的研究也对程序公平的研究做出了重要的贡献。首先，他们开始关注程序公平对个体的态度和行为的影响——工作绩效、工作满意度以及组织公民行为等；其次，为组织公平感的研究提供了几种切实可行的新的研究方法——相关研究、现场研究、情景模拟和实验室研究，启发了后来许多的研究者（Lind & Tyler, 1988）。

3. 互动公平（Interactional Justice）

随着研究者们对程序公平研究的深入，他们开始讨论分配过程中人际互动方式对个体公平感知的影响。Leventhal（1980）在他的研究中指出，人们应该以友好礼貌的方式回应他人；Thibaut 和 Walker（1975）则对与人际关系相关的纠问制和控诉制进行比较。然而，研究者对于公平的人际互动的真正关注开始于 Bies 和 Moag 的研究（Bies & Moag, 1986）。他们从程序公平中区分出人际互动方式，并且给出互动公平的明确定义，即在组织程序的执行过程中，个体由其中的人际互动方式产生的敏感程度（Bies & Moag, 1986）。同时 Bies 还认为存在 4 个互动公平的准则：真诚（Truthfulness），权威者在执行决策过程时应当采取公开、诚实和坦白的沟通方式，并且应当避免使用任何欺瞒行为；可辩护（Justification），权威者应当对决策过程的结果进行充分的解释；尊重（Respect），权威者对待每个个体都应当保持诚意和敬意，并且要避免有意粗鲁地对待或攻击其他人；有礼貌（Propriety），权威者应当避免做出歧视性的陈述或问不合适的问题（如涉及性别、种族、年龄或宗教等）。后来 Greenberg

(1991)在此基础上提出了6个影响互动公平的因素：尊重得体、及时反馈、充分解释（这3个因素被统称为"人际因素"）、规则实施的一致性、尊重成员意见、避免偏见（这3个因素被统称为"结构因素"）（Greenberg，Bies & Eskew，1991）。Moorman对互动公平的研究也做出了很大的贡献，他开发的互动公平的测量量表被研究者广泛应用，并且用实证的方法将互动公平从程序公平中分离了出来（Moorman，1991）。

4. 信息公平（Informational Justice）和人际公平（Interpersonal Justice）

基于对互动公平的研究，Greenberg提出互动公平除了包括程序公平的社会关系的内容外，还应有其他内容，进而将互动公平分为人际公平和信息公平，前者反映在程序实施或决策过程中，第三方或权威对个体礼貌、尊重对待的程度；后者反映第三方或权威就有关信息向个体解释的程度，这些信息包括分配程序采取方式的原因，以及采取何种分配方式等（Greenberg，1990）。Greenberg在后来的研究中对信息公平做出了进一步解释，"信息公平是权威向组织成员提出有关结果和程序问题解释的适当性"（Greenberg，1993）。

5. 公平感维度的争论

20世纪90年代，研究者先后分辨和确定出组织公平感存在的4个维度，但这4个维度间是什么样的关系则一直存在着争论。

在早期关于公平感的文献中，对公平感维度的争议主要来自是否应将程序公平从分配公平中分离出来。一些研究表明这两个维度之间有很高的相关性，因而认为，在很多人心里是无法区分这两个维度的（Folger，1987）。Sweeney和McFarlin在一项调查联邦雇员态度的研究中发现，程序公平和分配公平之间未修正的相关系数为0.72（Sweeney & McFarlin，1997）。而另一项针对两个不同企业（一个是高技术企业，另一个是消费品企业）员工的研究显示，两者的程序公平和分配公平间相关系数达到0.74（Welbourne，Balkin & Gomez-mejia，1995）。也许是基于这些研究发现，Martocchio和Judge在研究中没有区分程序公平和分配公平的影响，反而将其合为一个因素（单因素），称为"组织公平"（Martocchio & Judge，1995）。

Cropanzano和Ambrose的研究试图证明程序公平和分配公平间高的相关关系和理论是一致的。他们认为对程序公平和分配公平的区分是有价值、有必要的，但是这种区分有可能是过分夸大的结果，因此两人提出了"单因素"论，认为人们对程序的评价部分是基于结果的达成，而且相同的事情在一种情境下是结果，在另一种情境下可能就是程序（Cropanzano & Ambrose，2001）。

公平感维度间最大的争议还是来自"互动公平"。很多支持"三因素"论的学者认为（Bies，2001；Bobocel & Holmvall，2001），程序公平和互动公平是可以区分的，因为它们基于不同的原则，他们回顾之前的研究证明这两个维度有不同的结果，互动公平与社会性结果相关，而程序公平与系统性结果相关（Masterson et al.，2000）。

Colquitt在验证一种新的组织公平感测量方法时，探索了区分互动公平中人际公平和信息公平的价值，其中互动公平的项目按照Bies和Moag提出的互动公平的四个原则编制。基于两个独立样本的验证性因素分析结果表明，区分信息公平（真诚、可辩护）与人际公平（尊重、有礼貌）的拟合结果更理想（Colquitt，2001）。这一结果也验证了Greenberg的"四因素"论（Greenberg，1993）。相同的结论在Colquitt等回顾公平感文献的元分析研究中也得到证实，该研究指出人际公平和信息公平之间的关系在大小上与分配公平和程序公平的关系类似（Colquitt et al.，2001）。

学者们认识到程序公平和互动公平的区别反映了两个不同因素：①公平内容的差异，例如一致性原则和尊重原则；②公平来源的不同，例如系统的和代理人的，因此产生了另一种区分公平维度的方法（Folger & Konovsky，1989）。Greenberg指出公平的内容即为社会因素，公平的来源即为结果因素，因此考虑结构因素，公平感可分为系统公平和形式公平；考虑社会因素，公平感可分为信息公平和人际公平（Greenberg，1993）。因此，在具体研究中必须阐明自己依照何种分类方法进行分类。

（四）公平感的效果变量及其作用机制

从管理目的而言，研究者们研究公平感的一个重要原因是他们认为增强个体的公平感可以改善一些与组织相关的结果。与组织相关的公平感的主要效果变量有哪些，怎样理解它们与公平感的关系？为了解释公平的维度与公平感效果变量的关系，研究者们先后提出了3个不同的模型：分配优势模型（Distributive Dominance Model），二因素模型（Two-factor Model），代理—系统模型（Agent-system Model）。

1980年，Leventhal提出分配优势模型，他认为在"整体公平判断"（Overall Fairness Judgment）的决定中，分配公平的影响强于程序公平（Leventhal，1980；Lind & Tyler，1988）。与这一模型的观点一致，Conlon认为对权威的申诉者的公平感而言，分配公平的解释力强于程序公平（Conlon，1993）。这些研究支持分配公平与其他公平感维度相比占支配地位，即对个体的行为具有更强的解释力。

分配优势理论很快受到其他一些研究者的质疑，一些研究者指出分配公平更多地对特殊的、与个人相关的结果，比如个体对报酬、升职的满意度和业绩评价的影响大，而程序公平对个体、对系统或权威的评价影响大（Greenberg，1990；Lind & Tyler，1988）。McFarlin和Sweeney指出程序公平是两个"组织结果"（Organizational Outcomes）——组织认同和下属对上司的评价最为重要的预测源，并提出"二因素模型"（McFarlin & Sweeney，1992）。

最后，Bies和Moag的研究开始关注人际对待方式，提出第三个解释组织公平结果的模型，检验了程序公平之外的人际公平和信息公平的重要性，提出当个体决定如何对权威做出反应时就会动用人际和信息的公平感知，而当他们考虑决定如何对整个组织做出反应时就会动用程序公平的感知（Bies & Moag，1986）。基于此结论，Masterson等结合社会交换理论提出，组织中的个体涉及两种类型的交换关系：他们与直接上司的交换以及与更大层级的组织的交换（Masterson et al.，2000）。通过实证研究证明互动公平能够预测与管理者相关的结果，比如绩效的权威评价；而程序公平则更多预测与组织相关的结果，例如组织认同等。这一反应模型被称为代理—系统模型，该理论指出人际公平和信息公平对与代理人相关的结果的预测性强于对与系统相关结果的预测性。

本小节对公平感效果变量的理解参照 Greenberg 和 Colquitt（2005）著作中分析组织公平感效果变量时采用的按照公平感引起的行为效果程度的分类方式——好的影响、坏的影响、令人厌恶的影响，分类进行阐述。

1. 好的影响

已有研究表明，组织公平感对个体好的影响，主要包括满意度（工作满意度、结果满意度）、组织承诺（Organizational Commitment）、权威评价（Evaluation of Authority）、信任（Trust）以及服从等，下面将具体来阐述它们的定义以及它们与组织公平感各维度的关系。

（1）满意度。

根据 Sweeney 和 McFarlin 的研究，分配公平是个人性结果（Personal Outcomes）的重要预测源，而个人性结果主要指工作满意度（Job Satisfaction）和结果满意度（Outcome Satisfaction）（Sweeney & McFarlin，1993）。就结果满意度而言，很多公平感研究测量了决策过程结果的满意度，比如薪水、升职以及业绩评价等。根据早期的逻辑判断，与人们的期望、程序公平、人际公平以及信息公平相比，分配公平是对结果满意度更好的预测源。这一假设后来在实证研究中得到了广泛支持（Folger & Konovsky，1989；Lowe &

Vodanovich，1995），这也与分配优势模型和二因素模型理论分析的结论一致。对于工作满意度而言，很多研究也会关注一般意义上与员工工作有关的满意度。McFarlin 和 Sweeney（1992）的研究指出，和程序公平相比，分配公平对工作满意度的解释度更高。显然，这与二因素模型认为程序公平预测与系统相关的结果，而分配公平预测与个人相关结果的结论并不一致。和结果满意度相比，工作满意度是一个更一般性的、多层次的、全局性的系统反应。而另外一些实证研究结果显示程序公平与工作满意度有高相关性（Mossholder, Bennett, Kemery & Wesolowski, 1998；Wesolowski & Mossholder, 1997）。此外，Masterson 等（2000）的研究发现对于工作满意度而言，程序公平是比互动公平更强的预测源，尽管两者有显著的独立效应。这一结论也与二因素模型和代理—系统模型的解释相一致。

（2）组织承诺。

组织承诺是指个体必须对企业为自己的工作做出的一种全面的、系统的反应。大多数对组织承诺的测量是评价感情认同，即员工认同企业并且将企业的目标作为他们自己的目标（Allen & Meyer, 1990）。这方面较早的研究来自 Tyler（1990）的贡献，他认为分配公平比程序公平对个体的组织承诺的支持更强。这一结论与二因素模型一致，并得到了许多其他研究的支持（Folger & Konovsky, 1989；McFarlin & Sweeney, 1992；Sweeney & McFarlin, 1993）。另有一些研究支持代理—系统模型，认为程序公平比互动公平对组织认同的预测更强（Masterson et al., 2000）。

（3）权威评价。

对权威评价的研究首先来自一些有关第三方调解纠纷程序的研究，权威评价就是要求争议者对第三方做出的评价（Lind & Tyler, 1988）。此外，在其他一些研究中，权威评价则是指要求被访者评价他们的主管或其他管理人员的可接受程度。大多数来自工作环境的对权威的评价融合了心理学和政治学的理论（T. R. Tyler & Bies, 1990）。随着二因素模型的提出，Tyler等（1990）的研究提出程序公平与权威评价的关系强于分配公平与其的关系。在一些关注组织认同的研究中，这一结论也得到了大量的验证（Ball, Trevino & Sims Jr., 1993; McFarlin & Sweeney, 1992），但这一结论在其他研究中遭到驳斥（Conlon, 1993; Taylor, Tracy, Renard, Harrison & Carroll, 1995）。此外，根据代理—系统模型的观点，人际公平和信息公平与员工比照一般意义上的管理人员而对自己上司做出的评价影响更大（Colquitt et al., 2001）。

（4）信任。

信任在公平感研究中也得到了广泛的关注，Tyler（1989）认为对决策者或权威的信任是非常重要的，因为人们会自然而然地按照报酬资源的分配做出是否应该信任权威的判断。然而，Tyler提出最初的概念化的信任是关于第三方或权威的，Folger和Cropanzano的研究（Folger & Cropanzano, 1998）则证明了另一个观点，信任是和任何一个与个体相互依赖的人有关的概念。考虑到信任的核心概念在理论上与程序公平有更多联系，很多研究者认为信任与程序公平的关系强于与分配公平的关系（Alexander & Ruderman, 1987; Konovsky & Pugh, 1994）。由于信任往往和一些特定的人相关，按照代理—系统模型的观点，此时人际公平和信息公平对它的预测强于程序公平（Colquitt et al., 2001）。

（5）服从。

服从主要指工作表现中的服从性。在早期研究工作表现与程序公平的文献中，往往将"参与"作为程序公平的一个重要前提，尽管已经有研究表明参与和程序公平有强的相关性，但是对于程序公平与工作表现的关系却还不明确。Earley和Lind通过实验数据证明，如果向员工提供保证其过程控制的参与就可以增强他们的程序公平感，进而改善其工作表现（Earley & Lind, 1987）。之后，Douthitt和

Aiello 在研究中提出参与操作而非监督操作影响程序公平,而程序公平和工作表现之间正相关（Douthitt & Aiello, 2001）。其他一些研究的实证研究结果也支持这一结论（Masterson et al., 2000; Robbins, Summers, Miller & Hendrix, 2000）。还有研究者认为,分配公平也是影响员工工作表现的重要因素（Weaver & Conlon, 2003）。

值得强调的是,服从是一个多层面的概念,一般研究关注两种形式的服从,一种代表态度,即个体面对自己不喜欢的决定或结果时更愿意接受而不是拒绝；另一种则指个体延续的一系列行为（Greenberg & Colquitt, 2005）。对于决定或结果的接受,大部分研究认为人际公平和信息公平与员工对决定或结果的接受与否呈正相关关系（Greenberg, 1994）。而 Lind 等认为,正向的程序公平判断会增加员工对权威决定的接受,因为程序公平判断会极大地影响个体是否背叛权威的决定（Lind et al., 1993）。这一结论也得到了一些实证研究的支持。

2. 坏的影响

坏的影响主要指工作退缩行为,具体表现为人员流失和旷工。实证研究表明,当员工产生低反馈的程序公平感时,就很有可能会做出离职的决定；在工作计划中低的程序公平感也会导致员工离职（Dailey & Kirk, 1992）；另外,离职也与分配公平存在负相关关系（Roberts, Coulson & Chonko, 1999）。旷工是退缩行为的另一种形式,当然并不是说所有的旷工行为都是退缩行为,但是大多数情况下,员工的旷工行为都是比较消极的行为,是"坏的影响",而在实际的效果变量测量时,一般以员工旷工的时间为主要测量指标。实证研究结果表明,程序公平和分配公平都是旷工行为有力的预测源（Colquitt, Noe & Jackson, 2002; Naumann & Bennett, 2000）,而人际公平和信息公平也会影响旷工行为（Gellatly, 1995）。

3. 令人厌恶的影响

组织公平感引起的员工令人厌恶的影响主要是指反生产（Counter Productive）的工作行为。一般来说，员工在工作中浪费时间、没有效率就是反生产的工作行为（Greenberg & Colquitt，2005）。反生产的工作行为包括：毒品和酒精依赖、偷盗、事故、白领犯罪、拖拉、纪律问题、言语和身体侮辱等（Ones，2002）。因为这些行为比较复杂，本节按照 Aquino 等的分类方式，按照行为针对对象的不同——个人和组织可分为两类：针对组织的反生产行为——行为的对象是组织，可能的行为包括故意损坏工具、浪费公司的材料、没病称病以及不服从上级的指示等；针对个人的反生产行为——行为的对象是组织中的个体，例如传上级的闲话，取笑同伴，诋毁民族、种族及宗教，以及向同伴做出下流评语或手势等（Aquino，Lewis & Bradfield，1999）。实证研究结果表明，分配公平与针对个人的反生产行为显著相关，信息公平和人际公平与针对个人和组织的反生产行为皆相关，而程序的不公平与针对组织的反生产行为也显著相关（Skarlicki，Folger & Tesluk，1999；Tepper，2000）。

三 公共政策中公平的研究

（一）公平与公共政策

社会层面的公平关乎整个社会秩序的公正性和合理性，公平是一种社会渴求的、至关重要的关怀，它也是我们对现在和未来时代的理想和希望。1789 年，法国大革命虽是典型的资产阶级革命，但它对后世有着深远的影响，当时提出的口号多翻译为"自由、平等、博爱"，其中 Justice（平等）翻译为公平应更为合适。在近代西方思想家那里，"公平"的概念越来越多地成为专门用作评价社会制度的一种道德标准，被看作是社会制度的首要价值（Rawls，1988）。Rawls 在以洛克、卢梭和康德为代表的传统社会契约理论的基础上形成了"作为公平的正义"理论，所谓"作为公平的正义"不仅意味着社会合作条件是在公平的条件下一致同意的，还意味着所达到的是公平的契约，所产生的也将是公平的结果。同时他提出公平的两个原则：第一个是平等自由的原则；第二个是机会的公正平等原则与差别原则的结合。其中，第一个原则优于第二个原则，而第二个原则中机会的公正平等原则又优于差别原则。在他的《正义论》中，对制度的道德评价和选择优于对个人的道德评价和选择（Rawls，1988）。Hart 则从法律概念的角度指出在某些制度中，当对基本权利和义务的分配没有在个人之间做出任何任意的区分时，当规范使各种社会生活利益的冲突要求之间有一恰当的平衡时，这种制度就是公平的（Hart，Green，Raz & Bulloch，2012）。

　　分配问题是公共政策的核心问题，无论分配涉及的是实物还是服务、是财富还是收入、是健康还是疾病、是机会还是失利，公平对于分配冲突的各方来说都是他们赖以追求的目标，而这些冲突主要来自各方对于有关分配的不同看法或观点（Stone，2002）。因此，公共政策的公平问题一直受到学者们的关注，但是由于其含义的复杂性，到目前为止对公平的讨论仍存在很多争议，其中一个主要争议就是规则或制度的公平与否究竟应该由过程标准来判定还是由分配的接受者和分配的物品的标准来判定。Nozick 在他的著作中论证，一种分配如果是出自对资源分配的公平过程，那它就是公平的。一种分配，只要其中的内容都是公平地争得的，它就是公平的（Nozick，2008）。Rawls（1999）的《正义论》是对"终极结果"评价[①]，倾向于结果的公平，而 Stone（2002）在政策分析中对公平一般的定义是"给予同样的人以同样的对待"。

[①] 人们关注的是接受者或所有者的特征，关注的是所分配物品的特征。

（二）公共政策的公平感

什么是公共政策的公平感，它是如何产生的呢？目前的研究很少涉及这个问题，Rawls 在其著作中认为，在一个组织良好的社会里，因为它的制度或政策是按照公平规定的，所以它的公平观念是稳定的，当制度公平时，那些参与这些社会安排的人们就获得一种相应的公平感和努力维护这种制度的欲望（Rawls，1999）。因此人们的公平感是对制度是否公平的主观反映，同时也是一种制度评价；人们对这种制度公平性的维护，会影响到他们的态度和行为——满意还是不满意，服从还是对抗，信任还是怀疑等。

由于在社会政策领域分配的多是一些服务，比如教育、住房、医疗等，故而公共政策中有关公平的讨论也多集中在这些方面。在公共医疗政策方面，面对持续增长的医疗费用、越来越多没有保障的人们，如何将有限的医疗资源进行分配才是公平的一直是学者关注的焦点（Gostin & Powers，2006；Mathis，2007）。公共政策对教育公平的讨论也是最多的（Halliday，2004）。近 20 年来环境污染严重，人类生存环境不断恶化，环境问题引起了人们广泛的关注，"环境公平"也成为社会政策领域关注的焦点，它既是政策制定的一个重要原则，同时在社会可持续发展和社会融合等议题中环境公平也发挥着重要的作用（Agyeman & Evans，2004；Lazarus，1992），有学者提出政策制定时应该考虑给予作为弱势的少数族裔和低收入群体更好的公共医疗机会（Bowen & Wells，2002）。21 世纪以来，海啸、雪灾、地震各种灾难频发，学者开始关注与灾害相关的公共政策，特别是汶川大地震之后，灾后公共政策的公平感成为一个新的话题（Wu，Wang，Xu & Zhou，2009）。Wu 等虽然参照组织公平感的测量工具，采用较为科学的测量方法，测量了程序公平，但这个研究只是从"团队价值"出发分析了灾后公共政策公平感单一维度——程序公平与灾民是否接受灾后公共政策这一态

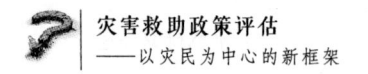

度的关系（Wu et al., 2009），缺少对灾后公共政策公平感的整体分析。

四 小结

本章通过对相关文献的梳理不难发现，公平作为公共政策的核心价值受到了学者们的关注，但由于其含义的复杂性，对它的讨论多为规范性研究，侧重于政策客观的公平性。由于在政策评估中无法形成公平的操作化定义，因而在现有的公共政策评估方法中没有有效地纳入公平。目前在公共政策公平的讨论中以政策受众公平感知为研究视角的并不多见，对于自然灾害救助政策的公平感的研究更是鲜见。有学者从"团队价值"出发分析了灾后公共政策公平感单一维度——程序公平与灾民是否接受灾后公共政策这一态度的关系（Wu et al., 2009），虽然他们的研究参照组织公平感中程序公平的量表对灾害救助政策的程序公平进行了测量，并且讨论它与灾民是否接受灾后公共政策这一态度的关系，但是这个研究简单地将灾后救助政策公平感等同于组织公平感，只关注两者的相同点，缺少对它们差异性的关注，没有形成对灾后救助政策公平感的整体思考。本文则试图通过笔者在汶川和玉树两个地震灾区的实证研究，形成对灾后救助政策公平感的整体性思考，包括分析影响灾民对灾后救助政策公平感知的因素、灾后救助政策公平感的结构、灾后救助政策公平感对灾民态度和行为的影响。整个过程是由"粗"到"细"逐步深入的。

在确定了研究问题和研究内容后，为了形成对灾后救助政策公平感系统的思考，研究者要确定理论依据和实证研究的分析工具。本章通过对已有公平感理论的梳理可以看出，自 Adams 以来，组织公平感领域得到了许多研究者的重视，研究成果丰硕，不仅形成了比较完备的理论框架，而且积累了大量的实证研究成果。尤其是 Greenberg

和 Colquitt 的研究，他们不仅对前人的研究进行了系统的梳理，更重要的是通过实证研究验证了公平感的四维结构，这一结果得到了研究者的普遍认可，而他们为组织公平感编制的量表也成为后来研究者最常使用的测量工具。刘亚等（2003）参照 Colquitt 的量表将对员工组织公平感的测量引入到中国情境下，他的研究结果验证了公平感的四维结构，但是对其进行了重新命名，用"领导公平"代替"人际公平"，然后纳入公平感维度中；Wu（2009）关注了灾害救助政策情境下，灾民的程序公平感知与灾民是否接受灾后公共政策这一态度的关系，对程序公平的测量也是参照 Colquitt 的量表进行的。另外，从公平感的影响结果来看，公平感作为一种动机，不论感知的主体是员工还是政策对象，都会影响他们的态度和行为。因此，研究灾后救助政策的公平感问题最值得借鉴的是组织公平感理论和分析工具。

第四章
汶川地震救助政策的公平感

2008年汶川地震是新中国成立以来规模最大、造成损失最惨重的自然灾害之一，也是受到社会关注最为广泛和深入的一次巨灾。这双重因素促使中国政府出台了前所未有高标准的灾害救助政策，并进而推动了中国灾害救助政策跨越式的变迁。

汶川地震灾害救助的标准有了很大提高，保证了灾区群众即便由于灾害造成无房可住、无生产资料和无收入来源也可以满足基本的生活需求，甚至达到较高的生活水平。但是，当救助标准提高后，灾区群众对灾害救助政策的要求也进一步提高，并不再集中反映在救助水平的高低方面，而开始关注政策内容和实施的其他方面。灾区群众对灾害救助政策的这种更高水平的要求将集中反映在灾区群众对灾害救助政策主观评价的变化上。灾区群众的这种主观评价实际上构成了一种对灾害救助政策的社会评估。在灾区群众对灾害救助政策的主观评价中，最为敏感的是公平与否。灾区群众的公平感会影响他们的一系列态度，如对自己生活状态的满意度和对各级政府的满意度等，进而会影响灾区群众的相关行为，如是否积极响应政府灾后各项政策、参加恢复重建工作等。因此，通过研究和分析灾区群众对灾害救助政策的公平感就成为一种评估灾害救助政策的创新视角。

第四章　汶川地震救助政策的公平感

一　背景、理论分析和假设

(一) 汶川地震的救助政策与灾民的公平感

2008 年的汶川地震是中国近 30 年来最严重的自然灾害，为了保障受灾群众的基本生活，各级政府在地震发生后立即向灾区调集发放了大量的救灾物资。地震后仅 6 天，四川等灾区就调运救灾帐篷约 18 万顶。在整个救灾过程中，仅民政系统就发放了 132.14 万顶帐篷、483.36 万平方米彩条布（篷布）、461.21 万床棉被、13 万条毛毯、12 万条毛巾被、1397.86 万件衣物、10 万台手摇照明灯和大批食品、饮用水等救灾物资（邹铭，2009）。除了民政系统外，灾区政府、中央部门、其他地方政府、企事业单位以及大量民间机构等还捐助、筹集和运送了海量的救灾物资。特别是，为了解决灾区部分群众面临的生活困难问题，政府还出台了临时生活救助政策，在灾后 3 个月内，向因灾无房可住、无生产资料和无收入来源的困难群众每人每天发放 1 斤粮和 10 元补助金，将因灾造成的"三孤"（孤儿、孤老、孤残）及原"三孤"人员的补助标准提高或补足为每人每月 600 元。3 个月到期后又对重灾区困难群众继续给予 3 个月的后续生活救助。[①] 这项政策在实施过程中，由于对"三无"的困难标准很难界定，所以基本变成了普惠性的政策。截至 2008 年底，中央财政共下拨汶川地震受灾群众生活救助资金 417.94 亿元，其中，中央财政共安排临时生活救助资金 82.74 亿元，调拨口粮 62 万吨，共救助受灾困难群众 922.44 万人。为了保障灾害救助政策的顺利实施，时任国务院总

---

① 回良玉:《国务院关于四川汶川特大地震抗震救灾及灾后恢复重建工作情况的报告》，http://www.chinanews.com.cn/gn/news/2008/06-24/1291185.shtml。

理温家宝格外重视政策的公平问题,强调:抗震救灾物资的分配要根据受灾地区的情况,保证重点,做到公开、公平、公正;要向群众公布救助标准、享受救助条件及救灾物资数量,坚决杜绝优亲厚友、性别歧视和年龄歧视,维护灾区群众的基本生活权益。① 对此,民政部等部门先后公布了《汶川地震抗震救灾生活类物资分配办法》《汶川地震抗震救灾资金物资管理使用信息公开办法》和《关于进一步做好汶川地震灾区救灾款物使用管理的通知》等文件,对救灾物资分配提出了指导意见和具体规定。

从政府的角度而言,汶川地震后的救助政策是前所未有的,不仅投入了海量的资源和尽最大的努力救助灾区群众,而且也在制度框架内尽可能地完善政策内容和程序。但从享受救助政策的灾区群众的角度看,在"公平"方面,似乎并没有得到想象中的群众的高度认可。北京师范大学社会发展与公共政策学院 2008 年 7 月上旬在四川灾区进行了入户问卷调查,在对"你觉得你们这里救灾物资的发放公平吗"的回答中,45.20%选择"一般",34.48%选择"公平",而有 20.32%选择"不公平"。显然,这一结果一定程度上在政策制定和实施者的意料之外。

灾害救助政策公平感的重要性不仅在于它是灾区群众对救助政策的主观评价,而且它会影响灾民的其他态度。例如公平感高的受访者对自己当前生活的满意度和对政府救灾工作的评价均远高于公平感低的受访者。公平感也显然会影响灾民的行为。因此,灾民对灾害救助政策的公平感可以作为评价灾害救助政策的重要指标,也应当作为改进灾害救助政策制定和实施的工具。相应的,"什么因素影响灾区群众对灾害救助政策的公平感"不仅是兼具理论和实践价值的重要问题,也是基于灾区群众主观视角进行灾害救助评估的基础性理论问题。

---

① 《温家宝主持会议研究加强抗震救灾款物管理和使用》,http://www.gov.cn/ldhd/2008 - 05/31/content_ 1000755. htm。

(二) 灾害救助政策公平感的理论框架

公平是公共政策的内在要求（D. Stone，2012；Weimer & Vining，2010）。无论是公共政策制定阶段，还是政策执行阶段，政府都需要考虑和宣称政策是公平的。同时，在整个公共政策执行过程中，政府都会不断受到公众和其他政策子系统成员"这项政策必须公平"的要求或面临"这项政策是否公平"的挑战。在政策执行之后，政策对象对政策最直接的和最主要的感受是这项政策是否公平。值得注意的是，这种感受还会直接影响人们对待这项政策的态度，甚至是对待政策的行为。因此，政策对象关于政策是否公平的感受就成为影响政策结果（效果）的最重要因素之一。

第三章，我们已经讨论过公平的概念非常复杂，至少可以归入两类不同的概念体系。一类是客观的公平或者规范的公平；另一类是主观的公平或感知的公平。显然地震灾区群众的公平感属于第二类。

虽然政策对象关于政策是否公平的感受对政策结果影响重大，但我国对公共政策公平感还缺乏系统研究。组织公平感和政策公平感都是讨论主观的公平感问题，区别仅在于一个是针对组织内员工，另一个是针对政策受众。因此公共政策公平感研究可以借鉴组织公平感理论。

组织公平感的研究最先集中于分配结果方面，公平来源于对资源配置结果的感受。Adams 的公平理论认为人们通过计算自己的贡献或投入（如才能、学识、技巧、经验等）与产出之间的比率，然后比较其他人的这一比率，从而得出分配是否公平的结论（Adams，1965）。Greenberg 和 Leventhal 的公平判断模型则在投入与所得的比率与他人比较的公平准则外，增加了其他的比较标准，如平等原则和需要原则（J. Greenberg & Leventhal，1976）。Porter 和 Lawler 又考虑了期望对结果公平的影响，认为人们对自己在工作中所受待遇的公正程度的判断与感觉，取决于当事者认为自己实际获得的收益与其期望获得的收益的差额，期望高实际收益低则公平感弱，反之则强。结果公平显然忽略了分配结果之前的分配程序（Porter & Lawler, 1968）。Thibaut 和 Walker 提出了程序公平（对程序公平的感知）的概念，认为只要人们有对过程控制的权利，不管最终结果如何，人们的公平感都会得到显著增加（Thibaut & Walker, 1975）。在结果公平和程序公平的基础上，Bies 和 Moag 关注人际互动方式对公平感的影响，即"互动公平"，互动公平涉及公平的知觉者和公平来源之间的相互交往过程，如交往中的礼貌、真诚和尊重（Robert J. Bies & Moag, 1986）。Greenberg 又将互动公平分成两种：一种是"人际公平"，主要指在执行程序或决定结果时，权威或第三方对人们的礼遇、尊重和尊敬的程度，是否有礼貌、是否考虑到对方的尊严、是否尊重对方等，也就是个体从权威或上级那里所得到的人际待遇；另一种是"信息公平"，主要指是否给当事人传达了应有的信息，解释为什么要采取这样的程序，为什么要以这样的方式分配等（J. Greenberg, 1990、1993）。

目前而言，组织公平感研究中分配公平、程序公平、人际公平和信息公平四个维度基本获得了普遍的认可，但对各个维度之间的关系还存在很多争论（Colquitt et al., 2001；李晔等，2003）。从组织公平感理论发展和针对中国组织公平感的实证研究看，认为分配、程序、人际和信息四个维度共同构成公平感的四因素论得到学者们更多的支持（Colquitt, 2001；刘亚、龙立荣、李晔，2003）。

从灾害救助政策的特点来看，灾害救助政策的公平感与组织公平感在结构上有相似之处。组织员工和政策受众之所以会有主观上的公平感知，是因为都预设存在应该获得报酬或救助的交换结构，只是内容不同。在组织中，公平来源于员工为组织服务或对组织做出贡献，相应的组织给予员工以报酬这样的"贡献—报酬"结构。但灾民享受国家救助并非因为"贡献"，而来源于其公民资格，因此灾害救助政策的核心结构是"需要—救助"模式。这带来了灾害救助公平感与组织公平感的一系列不同。

首先,灾害救助政策中的分配公平感来自两类感知:第一,灾民对分配结果的感知。此时灾民并非如组织中员工一样比较自己的投入和所得,而是①比较自己获得的救助钱物与周围其他人获得的救助钱物;②比较自己获得的救助钱物与因灾损失的钱物;③比较实际获得的救助钱物和期望获得的救助钱物(张欢等,2008)。第二,灾民对分配方式的感知。在组织中,员工对此并不敏感,但对于灾害救助政策而言,分配方式是其核心内容。分配方式体现的是对政策价值的选择。在灾害救助政策的"需要—救助"结构下,首要的政策价值必然是需要原则,即根据灾民在灾后的需要给予救助。如果政策的制定和执行不符合这一原则,灾民的公平感必然会减弱。

其次,在组织公平感理论中,对程序公平的讨论主要集中在过程参与、决策影响力等方面(Thibaut & Walker, 1975),或者决策控制方面(Gerald S. Leventhal et al., 1980)。对于政策公平感,则体现在政策受众参与政策制定和决策过程等方面。但灾害救助政策在这方面比较特殊,灾民基本无法参与灾后政策制定和决策过程。因此,灾害救助政策基本不涉及程序公平问题。

最后,互动公平来源于程序执行过程中的人际互动,因此对于组织公平感和政策公平感的影响类似。灾民的公平感主要受到救助钱物发放过程中发放者(往往是各级官员)与灾民直接沟通方式的影响。若发放者以居高临下、傲慢的方式对待灾民,以施舍的态度发放钱物,或者不尊重灾民的需要,都会造成灾民公平感的降低。有效沟通的目的在于信息的流动,并且必然在于信息的双向流动而非单向传递。从信息公平看,一方面包括向灾民及时、准确传递灾害救助政策的信息;另一方面要及时、准确地获得灾民的需要信息。灾民如果能够了解发放给自己救助钱物的计算方式、分配理由以及如何根据自己的需要寻求救助,就会提高他们的公平感。同样,如果灾民的需求信息能够被及时听取,获得正向的反馈,也会有效提高他们的公平感。

综上所述,可构建如下灾害救助政策公平感模型(见图4-1)。

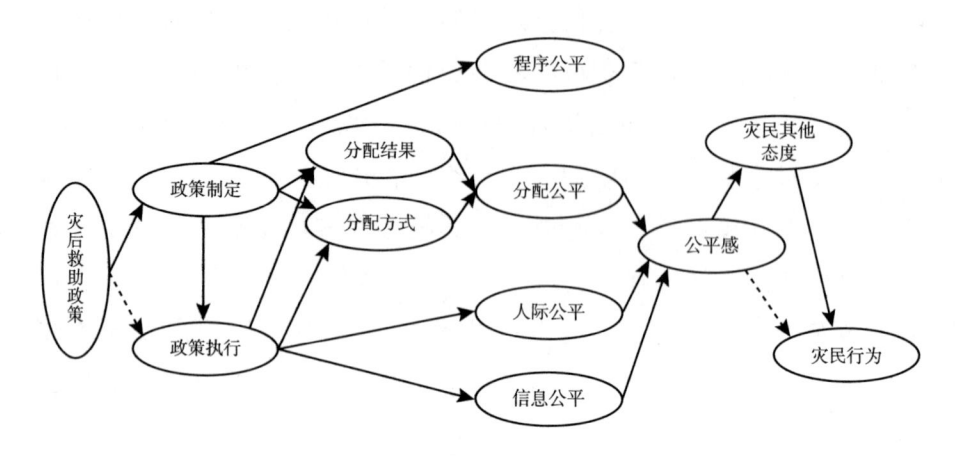

图4-1 灾害救助政策公平感模型

这样看来,灾害救助政策的逻辑结构比组织公平的逻辑结构更为简单明确:针对灾害后灾民普遍的基本社会生活失序的状况,各级政府出台救助政策,由政府向灾民提供满足其基本生活需要的钱物。各级政府的行为包括救助政策的制定和执行。在政策制定过程中,涉及程序公平的问题,但对于灾民的公平感无直接影响。在分配公平方面,灾害救助政策的制定和执行过程决定了救助钱物的分配结果和分配方式,而分配结果和分配方式影响着灾民对分配公平的感知;在人际公平和信息公平方面,政策执行过程影响了灾民对人际公平和信息公平的感知。因此,分配公平、人际公平和信息公平共同形成综合性的灾害救助政策公平感。

此外,灾害救助政策公平感显然主要与当期的公平感有关,即灾民的主观感受来源于灾害救助政策的执行过程和结果。灾害救助政策是针对因灾害造成的生命财产被破坏和社会生活秩序被扰乱而出台的，所以它主要与灾害的冲击相关，与灾害前灾民的个体特征和家庭经济状况无关。

（三）研究假设

上文的理论分析提出了一个包含灾害救助政策公平感完整逻辑过程的模型。本章研究的问题主要集中在公平感的影响因素分析方面，更进一步主要集中在理论分析提出的公平维度对灾害救助政策公平感的影响方面。

公平感是由于特定的客观结果、事件或过程而产生的一种主观心理状态，所以与这个结果、事件或过程不相关的其他因素不会对这种心理状态产生直接影响。基于此，有如下的研究假设。

H1-1：灾区群众个体特征对他们关于灾害救助政策的公平感没有影响。

H1-2：灾区群众灾前的社会经济状况对他们关于灾害救助政策的公平感没有影响。

基于我们所构建的灾害救助政策公平感模型，分配公平、人际公平和信息公平是解释灾害救助政策公平感的三类因素，并且分配公平又可以区分为分配结果和分配方式两类因素。因此，有如下假设。

H2-1：灾害救助钱物的分配结果对灾区群众关于灾害救助政策的公平感有显著影响。

H2-2：灾害救助钱物的分配方式对灾区群众关于灾害救助政策的公平感有显著影响。

H2-3：人际公平对灾区群众关于灾害救助政策的公平感有显著影响。

H2-4：信息公平对灾区群众关于灾害救助政策的公平感有显著影响。

因为灾害救助政策的结构是"需要—救助"模式的，因此可以提出如下假设。

H3：如果灾区群众认为救助钱物的分配方式遵循需要原则，而非其他原则，他们会有更强的公平感。

我们的理论模型实际上是支持一种多维度的公平感理论的，因此，有如下假设。

H4：包含分配结果、分配方式、人际公平和信息公平四个维度的灾害救助政策公平感解释模型要比单一维度的模型有更强的解释力。

二 研究方法和数据来源

虽然汶川地震灾后入户调查中无专门针对公平感的测量数据，但有较多关于灾害救助政策的问题，可以间接测量公平感所涉及的不同维度，因此基于这些间接数据可对灾害救助政策公平感进行初步的探讨。

本章同样使用北京师范大学社会发展与公共政策学院2008年7月初汶川地震灾区入户问卷调查数据[①]。因为研究对象是被访者而非其家庭，所以样本的人口学特征与第三章有所不同，详见表4-1。

表4-1 样本人口学特征

变量	类别	频数(人)	百分比(%)
性别(N=1941)	男	1205	62.08
	女	736	37.92
婚姻状况(N=1941)	已婚	1704	87.79
	丧偶	130	6.70
	离婚	12	0.62
	未婚	95	4.89

---

① 数据情况可参见第三章。

续表

变　量	类别	频数(人)	百分比(%)
民族(N=1950)	汉族	1518	77.85
	羌族	431	22.10
	其他	1	0.05
宗教信仰(N=1885)	无	1671	88.65
	佛教	188	9.97
	基督教	22	1.17
	其他	4	0.21
受教育程度(N=1951)	文盲	414	21.22
	小学	735	37.67
	初中	594	30.45
	高中及以上	186	9.53
	在学	22	1.13
户口类型(N=1951)	农业	1590	81.50
	非农业	361	18.50
年龄组(N=1950)	39岁及以下	614	31.49
	40~49岁	501	25.69
	50~59岁	439	22.51
	60岁及以上	396	20.31
家庭人口(口)(N=1954)	均值	3.7	

注：使用 Stata 10.0 SE 版对数据进行相关和回归统计分析。

三　结果分析

（一）个人特征和灾前家庭社会经济状况对灾害救助政策公平感的影响

采用 χ^2 统计量分析被访者个人特征和公平感间的独立性。选择了性别、婚姻状况、宗教信仰、受教育程度和年龄分组 5 个变量[①]。表 4-2 汇总了 5 个变量的分析结果。

表 4-2 个人特征与灾害救助政策公平感的相关分析

个人特征变量	变量类别	N	χ^2	Pr	影响方向
性别	两分(男、女)	1936	0.937	0.626	NA
婚姻状况	四分(未婚、已婚、丧偶、离婚)	1936	3.151	0.790	NA
宗教信仰	四分(无、佛教、基督教、其他)	1880	9.364	0.154	NA
受教育程度	五分(文盲、小学、初中、高中及以上、在学)	1946	9.389	0.311	NA
年龄分组	四分(0~39岁、40~49岁、50~59岁、60岁及以上)	1945	20.614	0	老年人公平感更强

注：(1) NA，不适用。(2) Pr，显著性。

从表 4-2 可看出，大部分个人特征是不显著的，年龄分组虽然显著，但 χ^2 不高。总体而言，个人特征对灾民灾害救助政策公平感的影响很有限，可以证明假设 H1-1 成立。

同样采用 χ^2 统计量分析被访者灾前家庭社会经济状况和公平感间的独立性。选择户口类型、是否低保户、自评震前经济状况和震前工作状况 4 个变量[②]。表 4-3 汇总了 4 个变量的分析结果。

从表 4-3 可看出，所有的变量均在不同程度上是显著的。可见被访者灾前家庭的社会经济状况对其灾害救助政策公平感有一定影响，但是除了户口类型以外其他变量的 χ^2 都比较小，所以可以认为假设 H1-2 不成立。灾前家庭社会经济状况中只有城乡二元经济结构会对公平感造成影响，这值得关注，其他因素则可以忽略。

---

① 5 个变量分析结果见本章附表 4-1 至附表 4-5。
② 4 个变量分析结果见本章附表 4-6 至附表 4-9。

表 4-3 灾前家庭社会经济状况与灾害救助政策公平感的相关分析

灾前家庭社会经济状况变量	变量类别	N	χ^2	Pr	影响方向
户口类型	两分(农业、非农业)	1946	44.621	0	农业户口被访者公平感更强
是否低保户	两分(是、否)	1235	6.219	0.045	非低保户公平感更强
自评震前经济状况	五分(上等、中上、中等、中下、下等)	1938	20.402	0.009	自评经济状况差的被访者公平感更强
震前工作状况	三分(自雇佣、有工作、无工作)	1860	10.697	0.030	灾前有工作的被访者不公平感更强

注：Pr，显著性。

（二）不同公平维度分析

1. 分配公平

（1）分配结果。

灾民对于分配结果的感知基于一定的参照标准，包括三类：①均等标准，即和周围人比较；②损失标准，和因灾损失比较；③期望标准，和自身对于救助的期望比较。但这三类标准的操作及其变量的测量均存在一定的困难，只能通过测量灾民在灾害中遭受损失和灾民从救助政策中获得补偿的客观值以及灾民根据自身损失情况提出补偿的期望值来间接考察分配公平。显然，灾民因灾损失越大，公平感会越差；灾民得到补偿越多，公平感会越强；灾民的期望虽然一定程度上综合了损失和补偿两方面的影响，但通常期望越高，公平感越差。

灾民的损失包括生命和财产两方面。生命损失通过被访者家庭中是否有人因灾去世来测量。灾民的财产损失是一个不易测量的变量，因为不仅对不同类型财产损失的估价存在困难，而且存在采用绝对值还是相对值评价的问题。在地震中最严重的财产损失是房屋，而且通

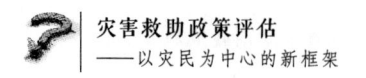

常而言，房屋也是灾民最重要和最主要的财产。因此，本研究选择灾民的房屋损失情况来测量财产损失（见表4－4）。

表4－4　不同公平维度与灾害救助政策公平感的相关分析

变量	变量类别	N	χ^2/R^2	Pr	影响方向
分配结果					
家里是否有人因灾去世	两分(有,没有)	1925	30.737	0	家庭有逝者被访者不公平感更强
原住宅是否损坏	四分（完全损坏、大部分受损需要拆除、部分受损需要加固、基本没有损坏）	1856	113.566	0	原住宅完全损坏的被访者不公平感更强
原住宅是否损坏	两分（完全损坏,其他）	1856	110.191	0	原住宅完全损坏的被访者不公平感更强
救助金	三分（0元,1～1000元,>1000元）	1849	14.224	0.007	获得较多救助金的被访者公平感更强
灾民期望	三分(高、中、低)	1883	56.134	0	期望越高的被访者公平感越低
救助金	连续,M=575.93	1849	$R^2=0.0003$	0.492	NA
分配方式					
救灾钱物是如何被分配的	四分（按平等分配、按需要分配、按损失分配、不合理的分配方式）	1900	583.713	0	选择按需要分配和按损失分配的被访者感到更公平,选择不合理分配的被访者感到更加不公平
人际公平					
是否参加过有组织救灾活动	两分(有,没有)	1942	14.934	0.001	参加过有组织救灾活动的被访者公平感和不公平感均更强
对政府救灾工作评价	四分(非常好、比较好、比较不好、非常不好)	1931	237.436	0	对政府评价高的被访者公平感更强
对政府救灾工作评价	两分(好,不好)	1931	94.187	0	对政府评价高的被访者公平感更强

续表

变量	变量类别	N	χ^2/R^2	Pr	影响方向
信息公平					
政策信息渠道	五分（大众传媒途径、人际网络途径、政府官员途径、社会传播途径、自认为不了解政策）	1706	108.111	0	通过大众传媒和政府官员途径了解政策信息的被访者感到更公平，而通过人际网络和社会传播途径了解政策信息的被访者感到更不公平

注：(1) NA，不适用。(2) Pr，显著性。

本研究针对灾民从救助政策中获得的补偿选择了两个变量：第一个是被访者家庭获得的现金形式的救助金之和；第二个是将上一变量按0、(0，1000)及(1000，~)划分为三分变量。

灾民的期望最主要体现在政府如何补偿修建永久性住房的费用上。调查数据中对此问题的选项包括"政府承担全部成本""政府承担部分成本""政府提供无息/低息贷款""政府帮助获得一般贷款""灾民自建，有无政府帮助无所谓"和"其他"六个选项。为了便于分析，本研究构造了灾民期望三分变量，包括"高期望"="政府承担全部成本"，"中期望"="政府承担部分成本"，"低期望"=其他选项。

以上5个分类变量的分析结果见本章附表4-10至附表4-14。表4-4的第一部分汇总了这六个变量的分析结果。

从表4-4的第一部分可见，从损失、补偿及期望3个角度出发的分配公平均对灾害救助政策公平感有直接影响。但是整理为分类变量的救助金的χ^2数值不是很大，而且作为连续变量的救助金与公平感并不相关。因此可认为灾区群众的损失和期望对灾害救助政策的公平感有更直接的影响。

(2) 分配方式。

对灾民来说，对分配方式的直观感受是救助钱物如何发放。调查问卷中相应的问题是:"灾后,我们这里获得的救灾物资是怎样发放的?"有9个选项。为了便于分析,本研究从政策价值原则的角度将这些选项重新归为四类:①平等分配,归类选项是"所有家庭都差不多";②按需要分配,归类选项是"家庭人口多的多得"和"穷人多得";③按损失分配,归类选项是"受损失大的多得";④不合理的分配方式,选项包括"经济实力强的多得""有权力的多得""有关系的多得""会哭的孩子有奶吃"和"先到先得"。调查结果显示,对这四类的选择比例分别为:25.0%、55.1%、10.2%和9.8%。这个构建的分配方式四分变量与公平感变量的$\chi^2 = 583.7136$(见表4-4),表明两者显著相关,并且选择"按需要分配"和"按损失分配"的被访者感到公平的比例比其他被访者高很多,而选择"不合理的分配方式"的被访者感到不公平的比例大大高于其他被访者。说明分配方式对灾害救助政策公平感有非常重要的影响,灾民主要认可的价值标准是需要原则。

这种结果表明,在政策执行中存在的问题,导致了坏的分配方式的存在,降低了灾民的公平感,而且至少在基层政府中,对灾害救助钱物分配方式的理解和执行也存在问题。这显然是中央政府的决策者在决定提供更慷慨的灾害救助时所面临的一个新挑战。

2. 人际公平

人际公平主要指在执行程序或决定结果时,领导者或执行者是否尊重下属,是否有礼貌等。对于灾害救助政策而言,人际公平主要体现在发放救灾钱物时,发放者对灾民是否以礼相待,是否尊重。问卷中并没有直接与在救灾钱物发放过程中发放者对灾民态度相关的问题。但问卷中有灾民参与的问题:"灾后有没有参加过有组织的救灾活动?如巡逻、清理废墟、搬运物资等。"显然参与具体救灾活动的灾民,与救助政策的执行者接触更多,他们更能感受政策执行者对灾民是否以礼相待,是否尊重。另一个可间接测量人际公平的变量是被访者对政府抗震救灾工作的评价。这种评价一定程度上来自政策执行者对待被访者是否尊重。

以上3个分类变量的分析结果见本章附表4-16至附表4-18。表4-4的第三部分汇总了这3个变量分析结果。

从表4-4的分析结果可见，参加过有组织救灾活动的被访者与公平感显著相关，选择公平和不公平的比例都要高于未参加者；对政府救灾工作的评价与公平感也显著相关，而且χ^2较高，对政府救灾工作评价高的被访者公平感也更强，评价低的被访者则感到更不公平。因此，相关分析的结果表明人际公平对灾害救助政策公平感有影响。

3. 信息公平

信息公平主要指是否给当事人传达了应有的信息。对于灾害救助政策，信息公平主要体现为灾民知道和了解有关救助政策的内容。政府发布政策主要通过两种渠道，一种是通过大众传媒间接发布，如电视、广播及报纸等，另一种是各级官员直接宣传发布政策信息。在问卷"通过什么途径了解政府的救灾政策"（多选）的问题中，54.42%被访者选择电视、13.01%选择广播、4.2%选择报纸、0.5%选择互联网、1.00%选择手机短信、9.6%选择政府官员、3.3%选择亲戚、6.15%选择朋友、13.16%选择其他人、1.05%选择通过其他社会组织以及12.21%选择不知道救灾政策。综上所述，可归总为四类了解灾害救助政策的途径。第一类包括电视、广播、报纸和互联网，此类信息途径属于大众传媒；第二类包括手机短信、亲戚和朋友，此类信息途径属于人际网络；第三类是政府官员，属于政策执行者直接传达政策信息；第四类包括其他人和其他社会组织，属于社会途径获得政策信息。拥有不同的了解政策信息的途径，信息公平的程度也会有差别。第一类和第三类主要传播客观、真实的政策信息，会增强信息公平。第二类和第四类往往容易传播不准确、有偏见的政策信息，会降低信息公平。"不知道救灾政策"是一种特殊的类别，会降低信息公平。[1]

---

[1] 政策信息渠道与公平感的列联表见本章附表4-19至附表4-24。表4-4的最后一部分列出了分析结果。

从表4-4相关分析结果可见,政策信息渠道和公平感之间的 χ^2 很大,表明拥有不同政策信息渠道的被访者间公平感有很大差异。通过大众传媒和政府官员途径获得政策信息的被访者对灾害救助政策感到更公平,而通过人际网络和社会传播途径获得政策信息的被访者对灾害救助政策感到更不公平。这与我们的理论预期是相符合的。因此,可以认为信息公平对灾害救助政策公平感有影响。

因为受到调查数据的局限,我们无法讨论从灾民向政策执行者的信息流动对灾害救助政策公平感的影响,这还有待今后的进一步研究。

(三) 公平感三维度间的结构分析

上文在对汶川地震灾害救助政策公平感的讨论中,发现分配公平(包括分配结果和分配方式)、人际公平和信息公平三个维度对灾害救助政策公平感均有显著影响,那么这三个维度相互间是否独立呢?能否被区分开?为讨论此问题,本研究将调查数据中测量公平感的三分变量视为有序分类变量,采用 Ordinal Logit 模型分析三个维度能否充分解释不同灾民公平感的差异。如果三个公平维度间是独立的、可区分的,考虑三个维度的模型将比只考虑单个维度的模型具有更强的解释力。

根据上文对公平感影响因素的分析,本研究主要考虑与公平感间 χ^2 的高低,选择如表4-5所示的变量。

表4-5 Ordinal Logit 模型使用变量说明

变量类别	变量名	变量值		说明	预测
因变量	p_ju	公平感变量	次序(不公平=1,一般=2,公平=3)	主观评价	NA
自变量					
被访者特征	age_1	39岁及以下	(属于=1)	年龄分组	-
	age_2	40~49岁	(属于=1)		参照组
	age_3	50~59岁	(属于=1)		+
	age_4	60岁及以上	(属于=1)		+

续表

变量类别	变量名	变量值		说明	预测
灾前社会经济状况	hukou	户口类型	（农业=1）	城乡二元结构是影响公平感最重要的社会经济因素	+
分配公平	分配方式	p_eq	平等分配	（属于=1）	发放按照所有家庭相同方式	+
		p_de	按需要分配	（属于=1）	发放依据灾民的需要	+
		p_lo	按损失分配	（属于=1）	发放按照因灾损失大小	+
		p_uf	不合理的分配方式	（属于=1）	发放受到经济地位、权力、关系等不合理因素影响	参照组
	分配结果	d_as	救助金	连续	主要救助方式	+
		house	原住宅是否损坏	两分（完全损坏=1）	住宅损坏是最主要损失	−
		d_ex1	灾民高期望	（高期望=1）	期望综合了损失和补偿	−
		d_ex2	灾民中期望	（中期望=1）		参照组
		d_ex3	灾民低期望	（低期望=1）		+
人际公平		h_pr	是否参加有组织救灾活动	（参加过=1）	参与有组织救灾活动能更多感受是否被以礼相待和尊重	不确定
		h_ge	对政府救灾工作评价	（好=1）	是否被以礼相待直接影响对政府救灾工作的评价	+
信息公平		i_mc	大众传媒途径	（属于=1）	通过电视、广播、报纸和互联网等了解政策信息	+
		i_sn	人际网络途径	（属于=1）	通过手机短信和直接从亲戚、朋友处了解政策信息	−
		i_of	政府官员途径	（属于=1）	通过政府官员了解政策信息	+

续表

变量类别	变量名	变量值		说明	预测
人际公平	i_op	社会传播途径	（属于=1）	通过不熟悉的其他人或社会组织、志愿者等了解政策信息	-
	i_uk	自认为不了解政策	（属于=1）	自认为不知道灾害救助政策内容	参照组

注：（1）NA，不适用。（2）+，正相关；-，负相关。

分别考虑用个人特征及灾前社会经济地位、分配（分配结果和分配方式）、人际和信息公平维度解释公平感，共构建7个模型。表4-6分别列出不同模型及其回归结果。

表4-6 Ordinal Logit 模型及结果

自变量	Model Ⅰ (n=1946) 个人特征	Model Ⅱ (n=1897) 分配方式	Model Ⅲ (n=1708) 分配结果	Model Ⅳ (n=1665) 分配公平	Model Ⅴ (n=1923) 人际公平	Model Ⅵ (n=1704) 信息公平	Model Ⅶ (n=1456) 四维度
	Odds Ratio	Odds Ratio	Odds Ratio	Odds Ratio	Odds Ratio	Odds Ratio	Odds Ratio
age_1	0.945	0.902	0.894	0.866	0.980	0.924	0.878
age_2	—	—	—	—	—	—	—
age_3	1.188	1.007	1.094	0.952	1.148	1.150	0.900
age_4	1.061	0.846	0.960	0.779*	1.021	1.069	0.781
hukou	2.049***	1.676***	1.992***	1.659***	1.986***	2.199***	1.806***
p_eq	—	28.423***	—	26.321***	—	—	31.001***
p_de	—	42.330***	—	36.062***	—	—	40.012***
p_lo	—	46.754***	—	33.107***	—	—	33.061***
p_uf	—	—	—	—	—	—	—
d_as	—	—	1.000**	1.000**	—	—	1.000**
house	—	—	0.403***	0.495***	—	—	0.535***
d_ex1	—	—	0.675***	0.651***	—	—	0.721**
d_ex2	—	—	—	—	—	—	—
d_ex3	—	—	1.033	1.039	—	—	0.970

续表

自变量	Model Ⅰ (n=1946) 个人特征 Odds Ratio	Model Ⅱ (n=1897) 分配方式 Odds Ratio	Model Ⅲ (n=1708) 分配结果 Odds Ratio	Model Ⅳ (n=1665) 分配公平 Odds Ratio	Model Ⅴ (n=1923) 人际公平 Odds Ratio	Model Ⅵ (n=1704) 信息公平 Odds Ratio	Model Ⅶ (n=1456) 四维度 Odds Ratio
h_pr	—	—	—	—	1.109	—	1.117
h_ge	—	—	—	—	1.962***	—	1.690***
i_mc	—	—	—	—	—	2.596***	1.796***
i_sn	—	—	—	—	—	0.681	0.463**
i_of	—	—	—	—	—	2.298***	1.560*
i_op	—	—	—	—	—	1.213	1.552*
i_uk	—	—	—	—	—	—	—
cut1	-0.772	2.005	-1.282	1.464	-0.337	-0.100	2.422
cut2	1.276	4.477	0.812	3.968	1.755	1.940	4.949
Wald chi^2( )	46.53	339.70	163.81	363.28	86.29	137.03	344.68
Prob > chi^2	0	0	0	0	0	0	0

注：*** 表示显著水平为0.01，** 表示显著水平为0.05，* 表示显著水平为0.1。

从回归结果看，7个模型均通过 Wald 检验，所有自变量的方向都与预测相同，并且除了 h_pr（是否参加有组织救灾活动）和 i_mc（大众传媒途径）外，都非常显著。模型比较，首先可发现分配方式比其他因素具有更强的解释力；其次，在分配方式的4个变量中，按需要救助原则和按损失救助原则明显为被访者认为比其他价值标准更公平，特别是在模型Ⅵ和Ⅶ中，是否采用按需要救助的原则是影响公平感的首要因素；最后，使用三个维度比用一类因素解释公平感的解释力更强，救助政策公平感不仅可以解释为分配、人际和信息三类公平因素，而且这三类因素相互之间是不同的，不能完全相互替代，同时可以在实证上加以区分。

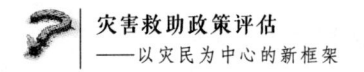

总之，模型的结果表明本章第一节提出的灾害救助政策公平感模型成立。

从回归结果看，所有 7 个模型都通过了 Wald 检验，且除了个别模型（变量 age-4）以外，所有自变量的方向都与预测相同。模型 1 进一步验证了个人特征和灾前社会经济状况对灾害救助政策公平感的影响。结果显示个人特征可被认为对灾害救助政策公平感仅有很有限的影响，进一步验证了假设 H1-1。所有模型中，变量 hukou 均非常显著，表明被访者城乡身份的不同对公平感有影响。但这也是对公平感有影响的少数灾前社会经济状况因素之一。模型 Ⅱ 检验了分配方式对灾害救助政策公平感的影响。模型 Ⅲ 检验了分配结果对灾害救助政策公平感的影响。模型 Ⅳ 验了分配公平的两个维度共同对公平感的影响。模型 Ⅴ 检验了人际公平对公平感的影响。模型 Ⅵ 检验了信息公平对公平感的影响。模型 Ⅶ 检验了所有维度变量对公平感的影响。在模型 Ⅱ、Ⅲ、Ⅴ 和 Ⅵ 中，每个维度的变量均是显著的。这验证了假设 H2-1、H2-2、H2-3 和 H2-4 成立。比较这 4 个模型可见，在所有的公平感维度中，分配方式比其他维度对灾害救助政策公平感有更强的解释力。分配结果、信息公平和人际公平对灾害救助政策公平感均有重要影响，且影响程度依次下降。在模型 Ⅳ 和 Ⅶ 中，分别用两个维度和四个维度变量来解释公平感，均比其他单维度变量模型更具解释力。这验证了假设 H4 的成立。在分配方式维度的四个变量中，"平等分配""需要分配"和"损失分配"均显著，并且优势比远大于 1。特别在模型 Ⅶ 中，"需要分配"是所有影响公平感变量中最首要的因素。这验证了假设 H3 的成立。总之，灾害救助政策公平感能够被分配公平（包括分配结果和分配方式两个维度）、人际公平和信息公平有效解释，而且这三个维度因素之间相互独立，不能相互替代，且可以在实证上加以区分。总之，模型的结果表明本章第一节提出的灾害救助政策公平感模型成立。

四 进一步讨论

汶川地震后各级政府对灾区群众的灾害救助力度是空前的。然而从公平感的角度看，这样的政策并没有获得灾民的高度认可。本章对此提供了一个有力的解释。

本研究发现政策制定和执行细节对于公平感而言是不可忽视的。比较所有公平感维度，对公平感影响最大的是分配方式。与"不合理的分配方式"相比，被访者认为无论当地采用"平等分配""按需要分配"，还是"按损失分配"救灾钱物，公平感的优势都要比其高出20~30倍。这表明如果政策出现偏差，对公平感的负面影响是巨大的。而"平等分配""按需要分配"和"按损失分配"3种方式相比差别则较小，其中"按需要分配"比其他两种方式更能得到灾区群众的认可，是应该被灾害救助政策所采取的发放原则，也符合灾害救助政策的"需要—救助"结构，这符合我们理论分析的结论。因此，需要原则应当成为灾害救助政策的原则。

分配结果一般被认为是影响公平感最为重要的一类因素。但实证结果表明救助金对灾民关于灾害救助政策公平感影响较小，而房屋损失对灾民公平感的影响较大；高期望者对比一般期望者，公平感要低许多，而低期望者对比一般期望者，公平感差异不显著。由此可见，如果地震造成房屋损毁，造成的灾民损失非常大，不是灾后以维持基本生活为主的救助政策能够充分补偿的，那么在生活救助水平上补偿金额的差异对公平感影响就较小，而控制以永久性住房恢复重建为关注点的灾民期望对于公平感的影响更为关键。仅从分配方式看，"按损失分配"也是灾民认可的一种分配方式。但按损失分配的内在结构就不再是"需要—救助"，而是"损失—补偿"，但在救助政策下发放的钱物是根本不足以补偿灾民的损失的。如果把"按损失分配"

也作为一种政策原则，会导致灾民期望不恰当增加。因此"按损失分配"同样是灾害救助政策中一种不适当的分配方式。相反，为了管理灾民期望，必须要向灾民强调灾害救助政策的分配标准只有"按需要分配"，没有"按损失分配"。

人际公平对于公平感的影响也是比较重要的，但因为选择的变量是对政府救灾工作的评价，所以人际因素可能只是其中的一部分。这方面有待更进一步的研究。

准确及时告诉灾区群众灾害救助政策信息对于提高灾民的公平感非常重要。与不了解灾害救助政策相比，通过大众传媒获得政策信息是提高灾民对灾害救助政策公平感的最好方式。通过官员和救灾人员向灾民宣传灾害救助政策信息对于提高灾民公平感也有类似但较小的效果。然而，偏见或者错误的政策信息会降低灾民对灾害救助政策的公平感。回归结果显示，通过人际网络传播政策信息对公平感有负面的影响。通过人际网络获得政策信息的被访者感到更不公平。这个结果很容易理解，因为人们更信任来自亲戚和朋友的信息，而这种信息渠道又最可能失真和存在偏见。值得注意的是，样本中有28.41%的家庭无法收看电视，45.00%的家庭无法收听广播，75.36%的家庭无法看到近期报纸，对比只有5.41%家庭没有使用手机、小灵通或电话，可见灾民通过什么样的途径获得政策信息不仅是主观选择，也是客观条件决定的。

综上所述，从灾民对汶川地震后救助政策的公平感来看，灾害救助政策可以通过以下几个方面加以改进。第一，清晰灾害救助政策的定位，明确灾害救助政策就是为了解决巨灾后灾民的生活困难问题，因此在政策制定和实施中必须基于满足灾民生活需要的原则和价值标准。第二，加强灾害救助政策实施的监督检查，杜绝各类不当行为的出现。第三，开展对灾民期望的管理工作，适当降低灾民的不合理期望，特别要强调灾害救助政策的分配标准不包括按因灾损失分配。第四，加强大众媒体和各级政府官员对救助政策的信息发布力度和广度，让更多灾民可以，也愿意通过大众媒体和政府官员途径来了解政策信息。其他人际化的政策信息传播渠道，如通过志愿者或救援者，对于传播灾害救助政策信息的作用也值得重视。此外，还要尽力防止灾民不了解政策信息的情况出现。第五，积极改善灾害救助政策基层执行者对灾民的态度，明确灾害救助政策的实施是履行各级政府的责任，而非对灾民的施舍。

五　小结

公平是公共政策所必须考虑的目标之一。公平的具体含义总是与一定的价值观相联系。如果社会价值观多样化或主流价值观不清晰，那么如何实现公共政策的公平目标在实践上就存在诸多困难。这就需要在公共政策公平性的客观标准之外，研究政策受众的主观公平感知。政策受众的公平感不仅立刻构成一种对政策的社会评估，而且会影响政策受众的行为，从而成为决定政策实际效果的重要因素。

本章从组织公平感理论出发，构建了灾害救助政策公平感模型，并对汶川地震后救助政策的公平感进行了实证研究，研究结果如下。

（1）被访者的个人特征对灾害救助政策公平感的影响十分有限。灾前被访者家庭社会经济状况中对公平感有影响的主要在于其城乡身份。因此公平感主要与政策本身的内容和实施过程相关。

（2）分配（分配结果和分配方式）、人际和信息公平等维度的因素对灾害救助政策公平感均显著相关。这表明借鉴组织公平感理论构建出的灾害救助政策公平感模型是有效的，有助于理解灾害救助政策公平感。

（3）灾害救助政策公平感是由分配（分配结果和分配方式）、人际和信息三个公平维度的因素组成，三个维度之间不能够完全相互替代，并可以在实证上加以区分。

本章的研究结果对今后灾害救助政策的制定具有明显的政策含义。分配方式对公平感具有最强的影响力，按灾民需要分配原则是最适合灾害救助政策的价值标准；信息公平也很重要，加强大众媒体和政府渠道发布救助政策的力度和广度，改善灾民利用人际网络获知政策信息，甚至不了解政策信息的情况，会大为提高灾民的公平感；因为存在灾害损失与救助补偿之间巨大差距的情况，所以对于分配公平更重要的在于对灾民期望的管理；灾害救助政策执行中对灾民的态度与公平感也有显著的影响。

本章从总体上证明了公平感对于研究公共政策的公平具有重要的理论和实践价值。公平感可以成为评估公共政策效果的一个重要角度，特别是对于决策限制条件多、直接面对灾民需要的灾害救助政策之类的社会政策。公平感是一个非常复杂的问题。受限于数据，本章只对公共政策公平感进行了初步探讨。进一步的研究显然要考虑直接测量政策公平感，以便对公共政策公平感的性质和影响进行更详尽的讨论。

附　录

附表4-1　性别和公平感列联表

单位：人，%

性别	救灾钱物的发放公平吗？			总计
	不公平	一般	公平	
男	238	539	426	1203
比例	19.78	44.80	35.41	100
女	152	337	244	733
比例	20.74	45.98	33.29	100
总计	390	876	670	1936
比例	20.14	45.25	34.61	100

注：Pearson chi^2 (2) = 0.9368, Pr = 0.625。

附表4-2 婚姻状况和公平感列联表

单位：人，%

婚姻状况	救灾钱物的发放公平吗？ 不公平	一般	公平	总计
未婚	21	39	35	95
比例	22.11	41.05	36.84	100
已婚	344	769	586	1699
比例	20.25	45.26	34.99	100
丧偶	24	65	41	130
比例	18.46	50.00	31.54	100
离婚	2	4	6	12
比例	16.67	33.33	50.00	100
总计	391	877	668	1936
比例	20.20	45.30	34.50	100

注：Pearson chi^2 (6) = 3.1505，Pr = 0.790。

附表4-3 宗教信仰和公平感列联表

单位：人，%

宗教信仰	救灾钱物的发放公平吗？ 不公平	一般	公平	总计
无	347	749	570	1666
比例	20.83	44.96	34.21	100
佛教	25	96	67	188
比例	13.30	51.06	35.64	100
基督教	3	8	11	22
比例	13.64	36.36	50.00	100
其他	1	1	2	4
比例	25.00	25.00	50.00	100
总计	376	854	650	1880
比例	20.00	45.43	34.57	100

注：Pearson chi^2 (6) = 9.3639，Pr = 0.154。

附表4-4 教育程度和公平感列联表

单位：人，%

教育程度	救灾钱物的发放公平吗？			总计
	不公平	一般	公平	
文盲	75	202	137	414
比例	18.12	48.79	33.09	100
小学	137	331	265	733
比例	18.69	45.16	36.15	100
初中	133	254	206	593
比例	22.43	42.83	34.74	100
高中及以上	45	84	55	184
比例	24.46	45.65	29.89	100
在学	5	8	9	22
比例	22.73	36.36	40.91	100
总计	395	879	672	1946
比例	20.30	45.17	34.53	100

注：Pearson chi^2（8）= 9.3889，Pr = 0.311。

附表4-5 年龄分组和公平感列联表

单位：人，%

年龄分组	救灾钱物的发放公平吗？			总计
	不公平	一般	公平	
0~39岁	145	261	206	612
比例	23.69	42.65	33.66	100
40~49岁	116	207	178	501
比例	23.15	41.32	35.53	100
50~59岁	70	209	159	438
比例	15.98	47.72	36.30	100
60岁及以上	64	203	127	394
比例	16.24	51.52	32.23	100
总计	395	880	670	1945
比例	20.31	45.24	34.45	100

注：Pearson chi^2（6）= 20.6144，Pr = 0.002。

附表4-6　户口类型和公平感列联表

单位：人，%

户口类型	救灾钱物的发放公平吗？			总计
	不公平	一般	公平	
农业	113	163	82	358
比例	31.56	45.53	22.91	100
非农业	282	716	590	1588
比例	17.76	45.09	37.15	100
总计	395	879	672	1946
比例	20.30	45.17	34.53	100

注：Pearson chi^2（2）= 44.6214，Pr = 0.000。

附表4-7　是否低保户和公平感列联表

单位：人，%

是否低保户	救灾钱物的发放公平吗？			总计
	不公平	一般	公平	
否	232	448	329	1009
比例	22.99	44.40	32.61	100
是	67	101	58	226
比例	29.65	44.69	25.66	100
总计	299	549	387	1235
比例	24.21	44.45	31.34	100

注：Pearson chi^2（2）= 6.2194，Pr = 0.045。

附表4-8　自评震前经济状况和公平感列联表

单位：人，%

自评震前经济状况	救灾钱物的发放公平吗？			总计
	不公平	一般	公平	
上等	14	24	9	47
比例	29.79	51.06	19.15	100
中上	83	171	94	348
比例	23.85	49.14	27.01	100
中等	191	461	386	1038
比例	18.40	44.41	37.19	100

续表

自评震前经济状况	救灾钱物的发放公平吗?			总计
	不公平	一般	公平	
中下	78	173	131	382
比例	20.42	45.29	34.29	100
下等	26	49	48	123
比例	21.14	39.84	39.02	100
总计	392	878	668	1938
比例	22.23	45.30	34.47	100

注:Pearson chi^2 (8) = 20.4022,Pr = 0.009。

附表4-9 震前工作状况和公平感列联表

单位:人,%

震前工作状况	救灾钱物的发放公平吗?			总计
	不公平	一般	公平	
自雇佣	113	248	202	563
比例	20.07	44.05	35.88	100
有工作	136	251	174	561
比例	24.24	44.74	31.02	100
无工作	128	342	266	736
比例	17.39	46.47	36.14	100
总计	377	841	642	1860
比例	20.27	45.22	34.52	100

注:Pearson chi^2 (4) = 10.6973,Pr = 0.007。

附表4-10 家里是否有人因灾去世和公平感列联表

单位:人,%

家里是否有人因灾去世	救灾钱物的发放公平吗?			总计
	不公平	一般	公平	
有	68	72	51	191
比例	35.60	37.70	26.70	100
没有	323	802	609	1734
比例	18.63	46.25	35.12	100
总计	391	874	660	1925
比例	20.31	45.40	34.29	100

注:Pearson chi^2 (2) = 30.7373,Pr = 0.000。

附表4-11 原住宅是否损坏（四分）和公平感列联表

单位：人，%

原住宅是否损坏	救灾钱物的发放公平吗？			总计
	不公平	一般	公平	
完全损坏	277	405	239	921
比例	30.08	43.97	25.95	100
大部分受损需要拆除	43	191	161	395
比例	10.89	48.35	40.76	100
部分受损需要加固	56	187	177	420
比例	13.33	44.52	42.17	100
基本没有损坏	9	63	48	120
比例	7.50	52.50	40.00	100
总计	385	846	625	1856
比例	20.74	45.58	33.67	100

注：Pearson chi^2 (6) = 113.5658, Pr = 0.000。

附表4-12 原住宅是否损坏（两分）和公平感列联表

单位：人，%

原住宅是否损坏	救灾钱物的发放公平吗？			总计
	不公平	一般	公平	
完全损坏	277	405	239	921
比例	30.08	43.97	25.95	100
其他	108	441	386	935
比例	11.55	47.17	41.28	100
总计	385	846	625	1856
比例	20.74	45.58	33.67	100

注：Pearson chi^2 (2) = 110.1914, Pr = 0.000。

附表4-13 救助金（分组）和公平感列联表

单位：人，%

救助金	救灾钱物的发放公平吗？			总计
	不公平	一般	公平	
0元	138	278	180	596
比例	23.15	46.64	30.20	100

113

续表

救助金	救灾钱物的发放公平吗？			总计
	不公平	一般	公平	
1~1000元	147	365	311	823
比例	17.86	44.35	37.79	100
>1000元	99	174	157	430
比例	23.02	40.47	36.51	100
总计	384	817	648	1849
比例	20.77	44.19	35.51	100

注：Pearson chi^2 (4) = 14.2240, Pr = 0.007。

附表4-15 分配方式和公平感列联表

附表4-14 灾民期望和公平感列联表

单位：人，%

灾民期望	救灾钱物的发放公平吗？			总计
	不公平	一般	公平	
高	114	127	83	324
比例	35.19	39.20	25.62	100
中	191	520	395	1106
比例	17.27	47.02	35.71	100
低	80	195	178	453
比例	17.66	43.05	39.29	100
总计	385	842	656	1883
比例	20.45	44.72	34.84	100

注：Pearson chi^2 (4) = 56.1336, Pr = 0.000。

附表4-15 分配方式和公平感列联表

单位：人，%

救灾钱物是如何被分配的	救灾钱物的发放公平吗？			总计
	不公平	一般	公平	
平等分配	84	235	156	475
比例	17.68	49.47	32.84	100
需要分配	109	510	427	1046
比例	10.42	48.76	40.82	100

续表

救灾钱物是如何被分配的	救灾钱物的发放公平吗？ 不公平	一般	公平	总计
损失分配	16	94	83	193
比例	8.29	48.70	43.01	100
不合理的分配	157	27	2	186
比例	84.41	14.52	1.08	100
总计	366	866	668	1900
比例	19.26	45.58	35.16	100

注：Pearson chi^2（6）= 583.7126，Pr = 0.000。

附表 4-16　灾民参与救灾活动和公平感列联表

单位：人，%

是否参加过有组织救灾活动	救灾钱物的发放公平吗？ 不公平	一般	公平	总计
有	125	198	196	519
比例	24.08	38.15	37.76	100
没有	268	679	476	1423
比例	18.83	47.72	33.45	100
总计	393	877	672	1942
比例	20.24	45.16	34.60	100

注：Pearson chi^2（2）= 14.9338，Pr = 0.001。

附表 4-17　灾民对政府救灾工作评价（四分）和公平感列联表

单位：人，%

对政府救灾工作评价	救灾钱物的发放公平吗？ 不公平	一般	公平	总计
非常好	70	177	254	501
比例	13.97	35.33	50.70	100
比较好	117	462	235	814
比例	14.37	56.76	28.87	100
比较不好	95	170	138	403
比例	23.57	42.18	34.24	100

续表

对政府救灾工作评价	救灾钱物的发放公平吗？			总计
	不公平	一般	公平	
非常不好	110	64	39	213
比例	51.64	30.05	18.31	100
总计	392	873	666	1931
比例	20.30	45.21	34.49	100

注：Pearson chi^2 (6) = 237.4357, Pr = 0.000。

附表 4-18 灾民对政府救灾工作评价（两分）和公平感列联表

单位：人，%

对政府救灾工作评价	救灾钱物的发放公平吗？			总计
	不公平	一般	公平	
不好	205	234	177	616
比例	33.28	37.99	28.73	100
好	187	639	489	1315
比例	14.22	48.59	37.19	100
总计	392	873	666	1931
比例	20.30	45.21	34.49	100

注：Pearson chi^2 (2) = 94.1871, Pr = 0.000。

附表 4-19 大众传媒途径和公平感列联表

单位：人，%

是否利用大众传媒途径了解政策信息	救灾钱物的发放公平吗？			总计
	不公平	一般	公平	
没有	185	269	166	620
比例	29.84	43.39	26.77	100
有	166	465	455	1086
比例	15.29	42.82	41.90	100
总计	351	734	621	1706
比例	20.57	43.02	36.40	100

注：Pearson chi^2 (2) = 65.4549, Pr = 0.000。

第四章 汶川地震救助政策的公平感

附表 4-20 人际网络途径和公平感列联表

单位：人，%

是否利用人际网络途径了解政策信息	救灾钱物的发放公平吗？			总计
	不公平	一般	公平	
没有	318	701	609	1628
比例	19.53	43.06	37.41	100
有	33	33	12	78
比例	42.31	42.31	15.38	100
总计	351	734	621	1706
比例	20.57	43.02	36.40	100

注：Pearson chi^2（2）=28.6933，Pr = 0.000。

附表 4-21 政府官员途径和公平感列联表

单位：人，%

是否利用政府官员途径了解政策信息	救灾钱物的发放公平吗？			总计
	不公平	一般	公平	
没有	327	677	567	1571
比例	20.81	43.09	36.09	100
有	24	57	54	135
比例	17.78	42.22	40.00	100
总计	351	734	621	1706
比例	20.57	43.02	36.40	100

注：Pearson chi^2（2）=1.1009，Pr = 0.577。

附表 4-22 社会传播途径和公平感列联表

单位：人，%

是否利用社会传播途径了解政策信息	救灾钱物的发放公平吗？			总计
	不公平	一般	公平	
没有	287	676	565	1528
比例	18.78	44.24	36.98	100
有	64	58	56	178
比例	35.96	32.58	31.46	100

续表

是否利用社会传播途径了解政策信息	救灾钱物的发放公平吗？			总计
	不公平	一般	公平	
总计	351	734	621	1706
比例	20.57	43.02	36.40	100

注：Pearson chi² (2) = 29.2178, Pr = 0.000。

附表4-23 不了解政策和公平感列联表

单位：人，%

是否不了解政策信息	救灾钱物的发放公平吗？			总计
	不公平	一般	公平	
否	287	613	577	1477
比例	19.43	41.50	39.07	100
是	64	121	44	229
比例	27.95	52.84	19.21	100
总计	351	734	621	1706
比例	20.57	43.02	36.40	100

注：Pearson chi² (2) = 34.3744, Pr = 0.000。

附表4-24 政策信息渠道和公平感列联表

单位：人，%

政策信息渠道	救灾钱物的发放公平吗？			总计
	不公平	一般	公平	
大众传媒途径	166	465	455	1086
比例	15.29	42.82	41.90	100
人际网络途径	33	33	12	78
比例	42.31	42.31	15.38	100
政府官员途径	24	57	54	135
比例	17.78	42.22	40.00	100
社会传播途径	64	58	56	178
比例	35.96	32.58	31.46	100
自认为不了解政策比例	64	121	44	229
	27.57	43.02	36.40	100
总计	351	734	621	1706
比例	20.57	43.02	36.40	100

注：Pearson chi² (8) = 108.112, Pr = 0.000。

第五章

灾害救助政策公平感的测量：
基于玉树地震的研究

第四章针对汶川地震灾害救助政策，探索性地讨论了灾害救助政策公平感及影响公平感的因素，提出了基于"需要—救助"结构的灾害救助公平感理论框架，初步建构了一个灾害救助政策公平感模型，并基于汶川地震两个月后进行的入户问卷调查数据进行了实证检验，验证了所提出的公平感理论框架和模型，揭示了灾害救助政策公平感的主要特征，对于理解和分析灾害救助政策公平感具有开创性的贡献。但同时，由于第四章研究的探索性质，资料和数据的收集实际发生在研究之前，这必然造成研究存在若干不足。首先，第四章认为程序公平对于灾害救助政策公平感无直接影响。这种判断是建立在汶川地震灾害救助政策出台过程具有快速性、封闭性等特征，灾区群众基本无法参与灾后政策制定和决策过程的基础之上。换言之，对于程序公平的判断本身是基于政策程序的客观特征，而程序公平作为公平感的一个维度，反映的应该是灾区群众主观对政策程序公平与否的理解和判断，所以第四章的这种判断有必要得到进一步审视和检验。其次，由于受到数据本身的限制，第四章的研究对于分配公平的测量虽比较有效和准确，但对人际公平和信息公平的测量则较为粗糙，特别是人际公平方面，转折较多，提供的信息非常有限。最后，由于第四章研究所使用数据本身的特征，对公平感各维度的测量均使用的是间接变量，这决定了研究结果对于灾害救助政策公平感的理解只能停留在较为粗浅的层面。由于第四章研究所存在的不足，以及从对公平感这种主观态度研究的整体考虑出发，进一步的研究显然应该包括对公平感的直接测量问题。

2010年4月14日，青海省玉树县发生严重地震，最高震级达里氏7.1级。地震不仅造成了大量人员伤亡和财产损失，还造成大量灾区群众短期内陷入生活困境。由于距离汶川地震后不久，各级政府对玉树地震灾区的救灾工作吸取了大量汶川地震的相关经验，灾害救助政策也基本上沿袭了在汶川地震中的做法。虽然玉树地震是一场灾难，但由于玉树地震灾害救助政策与汶川地震灾害救助政策非常相似，所以对玉树地震灾害救助政策公平感的研究是继续和发展汶川地震灾害救助政策公平感研究的绝佳机会。

本章的研究针对玉树地震灾害救助政策，从公平感测量的角度，研究灾害救助政策公平感，并进一步增进我们对公共政策公平感的理解。

一　灾害救助政策公平感的测量量表设计

公平感是一种主观心理状态。因此，组织公平感理论从组织行为学、心理学等出发对组织成员的公平感进行广泛、深入的研究，已经建立了较为成熟的体系。其中，对于组织公平感的测量是核心内容之一。

根据第四章对灾害救助政策公平感的讨论，灾害救助政策公平感与组织公平感虽然存在一定的差异，但在内在心理状态上具有一致性。灾害救助政策公平感对应的核心结构是"需要—救助"，虽与一般组织内员工公平感对应的"贡献—报酬"结构不同，但两者是类似的交换结构，所以本质上产生公平感的心理模式应当是一致的。因此，研究灾害救助政策公平感的测量问题完全可以借鉴组织公平感的测量方式。首先参考组织公平感测量的相关研究，借鉴组织公平感的测量维度和测量指标，根据灾害救助政策的特征，具体分析和设计每个维度的具体测量指标，然后在对灾害救助政策公平感整体理解的基础上进行局部调整。这种研究思路，一方面可以有效利用已有对人类公平感测量的研究成果，另一方面可以把对灾害救助政策公平感的测量指标纳入已有的公平感测量体系内进行比较。

灾害救助政策公平感测量指标的具体编制过程经过以下几个步骤：第一，通过对组织公平感文献的梳理，确定灾害救助政策公平感测量的基本维度；第二，收集整理国内外公平感的相关实证研究，整理分析不同维度公平感测量的具体项目；第三，基于对汶川地震灾害救助政策公平感的研究，在对灾害救助公平感整体理解的基础上，补充修改测量项目；第四，邀请灾害政策、心理学、地震救助等相关领域专家对测量项目的适当性和科学性进行评定，修改初始问卷。

（一）灾害救助政策公平感测量维度的确定

第四章对组织公平感的理论发展过程的讨论已经述及对组织公平感维度的理解有四类观点，包括单因素论、两因素论、三因素论和四因素论。表5-1归纳了这四种观点。

总体而言，四因素论得到组织公平感研究领域越来越普遍的认可。特别是，Colquitt等对组织公平感文献进行了较为详尽的梳理，采用元分析的方法证明了四因素论的合理性。Colquitt本人又基于之前的实证研究编制了一套测量组织公平感的量表，经过验证性因素分析的结果发现四因素模式与调查数据的拟合度最好。这两项研究在组织公平感领域具有里程碑式的意义，对之后的组织公平感研究产生了很大的影响。

表 5-1 公平感维度的四种观点

观点	维度	含义	文献
单因素论	维度不可分是一个整体		Martocchio & Judge, 1995
两因素论	分配公平	报酬数量分配的公平性,比较偏重于分配的结果,认为人们通过计算自己的贡献或投入与产出之间的比率,然后比较其他人的这一比率,从而得出分配是否公平的结论	Thibaut & Walker, 1975 Jerald Greenberg, 1990 Sweendy & McFarlin, 1993 Niehoff & Moorman, 1993
	程序公平	只要人们有对过程控制的权利,不管最终结果如何,人们的公平感都会得到显著增加	
三因素论	分配公平	报酬数量分配的公平性,比较偏重于分配的结果,认为人们通过计算自己的贡献或投入与产出之间的比率,然后比较其他人的这一比率,从而得出分配是否公平的结论	R. J. Bies & Shapiro, 1987 Masterson et al., 2000 Wolsink, 2007
	程序公平	只要人们有对过程控制的权利,不管最终结果如何,人们的公平感都会得到显著增加	
	互动公平	在程序执行过程中,程序的执行者对待员工的态度、方式等对员工的公平感知的影响	
四因素论	分配公平	报酬数量分配的公平性,比较偏重于分配的结果,认为人们通过计算自己的贡献或投入与产出之间的比率,然后比较其他人的这一比率,从而得出分配是否公平的结论	J. Greenberg, 1993 Colquitt et al., 2001 Colquitt, 2001 Leung, Tong & Lind, 2007
	程序公平	只要人们有对过程控制的权利,不管最终结果如何,人们的公平感都会得到显著增加	
	信息公平	是否给当事人传达了应有的信息,解释为什么要采取这样的程序,为什么要以这样的方式分配等	
	人际公平	在执行程序或决定结果时,权威或第三方对人们的礼遇、尊重和尊敬的程度,是否有礼貌、是否考虑到对方的尊严、是否尊重对方等,也就是个体从权威或上级那里所得到的人际待遇	

第五章 灾害救助政策公平感的测量：基于玉树地震的研究

刘亚等也主要从 Colquitt 的研究出发在四因素论的基础上实证研究了中国的组织公平感问题，但刘亚等认为在中国"领导在组织中的作用和地位更加突出，因此与领导有关的互动公平在中国文化背景下应该有更加重要的意义"，所以为了强调在中国组织内人际关系的实际状况和准确表达因素的含义，把"人际公平"重新命名为"领导公平"（刘亚等，2003）。

从国内外组织公平感测量维度和进行公平感测量的实证研究来看，将公平感分为"分配公平""程序公平""信息公平"和"人际公平"四个维度的四因素论最值得借鉴。

第四章对汶川地震灾害救助政策公平感影响因素的分析，借鉴了组织公平感的因素维度，但又有所不同。一是考虑在灾害救助政策制定过程中灾区群众几乎没有机会参与，所以认为"程序公平"不适用于灾害救助政策；二是认为灾区群众对灾害救助政策程序的关注主要体现在分配方式方面，所以将分配公平又分为"分配结果的公平"和"分配方式的公平"两类不同的因素。对此，一方面考虑虽然在实践中，灾区群众无法参与灾害救助政策的制定，但并不表示灾区群众对于灾害救助政策的程序没有是否公平的感知，另一方面灾害救助政策公平感中是否存在"程序公平"维度应该通过实证研究进行检验，所以灾害救助政策公平感测量维度中还是保留"程序公平"维度。而在第四章研究中，从"分配公平"分出的"分配结果的公平"和"分配方式的公平"还是作为一个维度，只是在测量项目的设计中分别加以考虑，并可通过实际测量结果进一步判断这两类因素是否可区分。刘亚等（2003）以"领导公平"代替"人际公平"的做法有些偏颇，而且在灾害情境下，灾害救助政策执行过程中作为政策受众的灾区群众和作为政策执行者的领导（干部）的关系与组织内员工和管理者的关系存在较大差异，它不是组织内员工与管理者之间被管理和管理的单一关系，而是既存在被服务与服务的关系，又存在监督与被监督的关系，因此本研究一方面还是使用"人际公平"而非

"领导工作"作为公平感的维度,另一方面承认灾害救助政策公平感中存在官员或干部身份的政策执行者与政策受众之间的地位存在不平等的实际状况,在设计"人际公平"维度测量项目时,与"分配公平"类似,将"干部"和"其他人"加以区别,并通过实际测量结果进一步判断是否存在"干部"和"其他人"两类不同的"人际公平"维度。

综上所述,本章也将以四因素论作为编制灾害救助政策公平感测量量表的基础,分"分配公平""程序公平""信息公平"和"人际公平"四个维度设计测量项目。

(二) 灾害救助政策公平感测量项目的确定

具体测量项目主要参考了 Colquitt (2001) 的组织公平感量表和刘亚等 (2003) 针对中国情境编制的组织公平感量表。

分配公平项目分别从分配结果和分配方式两方面设计。考虑 Colquitt 采用间接的询问方式与灾害救助政策的情况不符合,所以分配结果主要参考 Moorman (1991) 有关分配公平的两个项目,采用直接询问分配的公平程度的方式。分配方式项目的设计一方面采用 Colquitt 的项目,另一方面依据第四章的结论——灾区群众对分配方式的感知主要体现在政策价值原则方面,即政策制定遵循的原则,如公开透明、按需分配以及人人平等原则等。因此对分配方式的项目设计实际来自刘亚等用于程序公平、反映规则制度的相关项目,包括"救灾钱物发放是公开和透明的""在你们这里,救灾钱物发放主要考虑各家的受灾情况""你得到的救灾钱物是符合你实际需要的"等。

程序公平项目的设计大部分来自 Colquitt 的程序公平项目 (Colquitt, 2001) 和 Leventhal (G. Leventhal, 1976) 的关于程序公平的标准。包括:①是否参与过程,具体项目为"你可以影响最后结果达成的过程吗?";②有无申诉,具体项目为"结果达成的过程中你能申诉吗?";③一致性标准,具体项目为"程序能够一贯执行吗?";④可纠正性准则,具体项目为"你们这里的人有监督救灾钱物发放程序的权利吗?";⑤准确性标准;⑥代表性标准,具体项目为"这些程序是基于准确信息的吗?"。此外,考虑到目前我国公共政策制定过程的特点,又增加了在程序公平维度中设计的"有无制度和程序"等项目(刘亚等,2003)。

人际公平项目的设计,根据上一节所讨论的,在项目上区分了干部和其他人员。具体项目主要来自 Colquitt 的相关测量项目。

信息公平项目的设计,主要来自 Colquitt 和刘亚等(2003)对信息公平的测量项目。

通过文献研究,借鉴组织公平感的相关测量项目,本研究形成了一个四个维度,包含 36 个项目的灾害救助政策公平感的初始量表。

之后,我们邀请了来自灾害政策、心理学、灾区问卷调查等领域的多名专家对量表中项目的适当性和科学性进行评判。专家主要提出两个建议,一是每个维度增加总体性直接询问公平感的问题,二是在灾区进行的调查和对灾区群众访谈的结果表明,与在组织中有比较完备的信息获取渠道不同,在地震灾区这种应急的状态下,灾区群众对灾害救助政策信息的获取并不顺畅,得到的政策信息内容也不精确或不准确。因此,针对专家的建议,我们一方面对每个维度增加总体性直接询问公平感的问题,另一方面加入了 3 个有关救助钱物发放总体信息的项目,即基本政策信息是否可得,具体项目是"你和你周围的人能够及时获得救灾钱物发放的信息"、"你和你周围的人能够及时获得救灾钱物发放程序的信息"、"你和你周围的人能够及时获得救灾钱物发放结果的信息"。最后,专家讨论认为初始量表中一些项目虽然来源不同,但具有重复性,所以对项目进行了合并和删减,最终形成一个四维度,包括 32 个项目的预试问卷。项目采用李克特(Likert)五分量表法,最大值(完全同意)为 5 分,最小值(完全不同意)为 1 分。

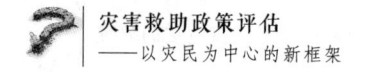

（三）问卷预试和测量项目的确定

2010年4月，青海省玉树发生严重地震，造成大量生命、财产损失。灾区各级政府在抗震救灾中吸取了大量汶川地震相关政策经验，其中灾害救助政策基本沿袭汶川地震灾害救助政策的做法。笔者认为，这是研究灾害救助公平感测量的绝佳机会。2010年6月中旬，笔者赴青海玉树地震极重灾区结古镇进行实地调研。调研中，访谈了当地州、县、镇等地方相关部门领导干部，包括救灾钱物具体发放工作的县民政局的负责人，向他们了解玉树地震灾害救助政策的具体内容以及政策执行的具体实施情况和灾区群众对于灾害救助政策的反映，并向地震发生后即赴灾区工作的救灾工作者和志愿者了解灾害救助政策的实施情况。在大量访谈的基础上，又对问卷的多个项目内容进行了语言、用词、描述方式等方面的适当调整，以便更准确地让被访者理解调查项目。

经过实地调研，调查选取了结古镇灾民临时安置最为集中的安置点——赛马场，作为问卷的试访地点。在已经在赛马场参加灾害救援工作较长时间的当地志愿者[①]的协助下，调查选取具有代表性的灾区群众，由笔者和正式调查的督导员担任问卷调查员，进行试访。由于试访问卷还包含其他调查内容，试访目的除了确认灾害救助政策公平感测量项目有效性外，还包括确认其他调查内容和问卷调查用时等。试访的时间控制在每份问卷60分钟内，作为正式施测时间的参照。

根据灾害救助政策公平感测量项目试访情况，笔者修改了多个项目表述方式，以便被访者能够更清晰、准确地理解问题，并删除了不符合灾区实际情况的2个项目，最终形成了共30个项目的测量问卷，其中包括四个维度29个项目和1个询问灾民总体公平感的项目。具体测量项目见表5-2。另外，考虑到问卷调查的有效性，笔者对入户

---

① 协助试访志愿者均为当地人，其第一语言为当地藏语，但同时能熟练使用汉语。

第五章 灾害救助政策公平感的测量：基于玉树地震的研究

表5-2 灾害救助政策公平感测量项目

代码	指 标	问题选项/编码	项目来源
总体公平感			
T01	总体来说，你认为你得到的救灾钱物是公平的	1（很不公平）-5（很公平）	专家意见
分配公平			
	分配结果		
D01	和你周围的人相比，你得到的救灾钱物是公平的	1（很不公平）-5（很公平）	Moorman(1991)
D02	和其他受灾乡镇的人相比，你得到的救灾钱物是公平的	1（很不公平）-5（很公平）	Moorman(1991)
	分配方式		
D03	你得到的救灾钱物是符合你实际需要的	1（很不同意）-5（完全同意）	Colquitt(2001)
D04	在你们这里，救灾钱物发放主要考虑各家的受灾情况	1（很不同意）-5（完全同意）	Colquitt(2001)
D05	救灾钱物发放是按规定进行的	1（很不同意）-5（完全同意）	刘亚等（2003）原为程序公平指标
D06	救灾钱物发放是公开和透明的	1（很不同意）-5（完全同意）	刘亚等（2003）原为程序公平指标
D07	你这里能做到在救灾钱物发放规定面前人人平等	1（很不同意）-5（完全同意）	刘亚等（2003）原为程序公平指标
程序公平			
P01	救灾钱物发放过程是公平的	1（很不公平）-5（很公平）	专家意见
P02	救灾你周围的人可以参与救灾钱物发放办法制定的过程	1（很不同意）-5（完全同意）	Colquitt(2001)
P03	救灾钱物发放的程序是符合当时情况的	1（很不同意）-5（完全同意）	Colquitt(2001)
P04	如果你对救灾钱物发放有疑问，有可以反映问题的渠道	1（很不同意）-5（完全同意）	Colquitt(2001)
P05	总体来说，救灾钱物发放过程你能够得到很好的执行	1（很不同意）-5（完全同意）	刘亚等（2003）
P06	在救灾钱物发放过程中你可以表达自己的观点和感受	1（很不同意）-5（完全同意）	Colquitt(2001)
P07	你们这里的人有监督救灾钱物发放程序的权利	1（很不同意）-5（完全同意）	Colquitt(2001)

续表

代码	指标	问题选项编码	项目来源
信息公平			
IF01	你和你周围的人能够及时获得救灾钱物发放的信息	1(很不同意)-5(完全同意)	专家意见
IF02	你和你周围的人能够及时获得救灾钱物发放程序的信息	1(很不同意)-5(完全同意)	专家意见
IF03	你和你周围的人能够及时获得救灾钱物发放结果的信息	1(很不同意)-5(完全同意)	专家意见
IF04	在救灾中,干部能够与你坦诚的交流	1(很不同意)-5(完全同意)	Colquitt(2001)
IF05	如果你对救灾钱物发放的结果有意见,干部会耐心地解释	1(很不同意)-5(完全同意)	Colquitt(2001)
IF06	如果你对救灾钱物的发放有疑问,会得到满意的回答	1(很不同意)-5(完全同意)	刘亚等(2003)
IF07	干部很关心你对救灾钱物发放的想法,并能够及时与你沟通	1(很不同意)-5(完全同意)	刘亚等(2003)
人际公平			
针对干部			
IP01	总体来说,在救灾中干部是公平的	1(很不公平)-5(很公平)	专家意见
IP02	发放救灾钱物的干部对你以礼相待	1(很不同意)-5(完全同意)	Colquitt(2001)
IP03	发放救灾钱物的干部对你很尊重	1(很不同意)-5(完全同意)	Colquitt(2001)
IP04	发放救灾钱物的干部会充分考虑你的需要	1(很不同意)-5(完全同意)	Colquitt(2001)
IP08	在救灾中,干部能给你提供支持和帮助	1(很不同意)-5(完全同意)	刘亚等(2003)
针对其他人			
IP05	发放救灾钱物的其他人对你以礼相待	1(很不同意)-5(完全同意)	Colquitt(2001)
IP06	发放救灾钱物的其他人对你很尊重	1(很不同意)-5(完全同意)	Colquitt(2001)
IP07	发放救灾钱物的其他人会充分考虑你的需要	1(很不同意)-5(完全同意)	Colquitt(2001)

调查问卷的整体容量进行了删减，正式问卷由调查员入户调查，一般可在 40 分钟内完成整个问卷答题工作。这部分删减不涉及灾害救助政策公平感测量相关项目。

问卷的测量对象主要为藏族群众，但结古镇是汉族居住区通往藏族居住区的重要交通节点，所以结古镇当地藏族群众普遍对汉语的掌握情况较好，同时考虑到问卷涉及的大量概念和词语在藏语中属于外借词以及藏语本身书面语与玉树当地方言的差异，因此在请教青海大学和青海民族大学等当地高校有在藏区入户问卷调查经验的专家后，决定问卷不翻译为藏语，而雇用第一语言为藏语并具有熟练使用汉语能力的当地人为问卷调查员，采用汉语问卷结合当地藏语方言询问的方式进行问卷调查。

二 研究设计和数据情况

2010 年 4 月 14 日，青海省玉树县发生严重地震，最高震级达里氏 7.1 级。由于地震震中位于玉树州首府结古镇附近，造成了近 2700 人遇难以及大量人员受伤和财产损失。由于距离汶川地震后不久，各级政府对玉树地震灾区的救灾工作吸取了大量汶川地震的相关经验，其中灾后救助政策基本上沿袭了汶川地震中的做法，包括免费的医疗救治，发放遇难者抚恤金[①]、"三孤"人员补偿金[②]，给灾区困难群众在灾后三个月每人每天补助 10 元钱和 1 斤口粮，以及在救援阶段向灾区群众发放大量的帐篷、饮用水、食品、衣物和各类生活用品等。

因为玉树地震灾后救助政策与汶川地震灾后救助政策非常相似，所以对玉树地震灾害救助政策公平感的研究是对比汶川地震灾害救助

---

① 按遇难者每人 8000 元抚恤金补偿。
② 按每人每月 1000 元补偿。

政策公平感研究的绝佳机会。特别是，可以利用玉树地震开展灾害救助政策公平感测量方面的研究。

根据《玉树地震灾后恢复重建总体规划》，玉树地震灾区共 7 个县 27 个乡镇，受灾总人口 246842 人，但极重灾区仅有玉树县结古镇，受灾人口 106642 人。因此笔者仅将结古镇作为调查区域。结古镇作为玉树州首府所在地，近年来发展得很快，行政区域与居住区域并不完全吻合。地震后，一些社区被破坏得很严重，居民大都被安置在赛马场等集中安置点，另一些遭受破坏较轻社区的居民则被安置在居住地附近，但是由于灾区群众的生活习惯，很多群众多次迁移居住地点，包括有大量群众出于生活工作方便等目的，自行迁移至州、县政府临时办公点周围安置。这些都给问卷调查工作带来了很大困难。最终笔者通过向当地群众反复了解，选取了震后结古镇内及周边群众居住最为集中的 9 个社区作为调查点，分别为赛马场、扎西大通、现代村、结古寺、解放路、扎西科、巴塘、西同和新寨，采用分层随机抽样方法抽选样本。

2010 年 7 月底，笔者在结古镇当地招募 10 名青年学生为问卷调查员，要求是本地人，第一语言为玉树当地藏语方言，同时能够熟练地听、说、读、写汉语。笔者对问卷调查员进行严格培训，主要是要求问卷调查员对问卷非常熟悉，能够完全理解问卷所有问题的含义并能够用藏语熟练表述和解释问卷问题。2010 年 8 月 5～14 日，问卷调查员按照分层随机抽样方法进行入户问卷调查。此时距地震发生已有 4 个月，玉树地震相关灾害救助政策已经公布并实施了较长时间，灾区群众对灾害救助政策已有明确的认知和感受。最终共整理完成有效问卷 508 份。

本次调查有效样本 508 人。其中，男性占 62.99%；平均年龄为 40.20 岁，18～30 岁的占 28.54%、31～40 岁的占 28.54%、41～50 岁的占 22.24%、51 岁以上的占 20.67%；已婚者占 68.24%；93.11% 的受访者是藏族；6.51% 的受访者是中共党员；70.52% 的受访者为文盲或半文盲,大专以上学历的占 11.57%;93.50% 的受访者是佛教徒;81.89% 的受访者是玉树县本地户籍;74.61% 的受访者是农业户籍(见表 5-3)。

表 5-3 玉树地震入户调查数据受访者人口学特征(N=508)

变量	类别	频数	百分比(%)
性别	男	320	62.99
	女	188	37.01
年龄	30 岁以下	145	28.54
	31~40 岁	145	28.54
	41~50 岁	113	22.24
	51 岁以上	105	20.67
婚姻状况	未婚	88	17.36
	已婚	346	68.24
	丧偶	50	9.86
	离婚	23	4.54
民族	汉族	26	5.12
	藏族	473	93.11
	其他	9	1.77
政治面貌	中共党员	33	6.51
	共青团员	34	6.71
	群众	440	86.79
教育程度	文盲/半文盲	323	70.52
	小学	45	9.83
	初中	28	6.11
	高中/中专/技校/职高	9	1.97
	大学专科	34	7.42
	大学本科及以上	19	4.15
宗教信仰	无宗教信仰	25	4.92
	佛教	475	93.50
	其他	8	1.57
户口类型	本地农业户口	292	57.48
	本地非农业户口	124	24.41
	外地农业户口	87	17.13
	外地非农业户口	5	0.98

玉树地震灾后入户调查问卷大部分为客观性问题，30～40分钟可完成。从总的公平感回答来看，6.89%的被访者选择"很不公平"，15.94%选择"比较不公平"，46.06%选择"一般"，25.00%选择"比较公平"，6.10%选择"很公平"。这一结果与第四章讨论的汶川地震灾后入户调查结果非常接近。

统计方法使用Stata 10.0 SE版对数据进行相关和回归统计分析。

三 探索性因素分析

本章主要对初始量表施测的数据进行探索性因素分析（Exploratory Factor Analysis，EFA），来检验针对灾害救助政策的公平感测量所得因素结构是否符合假设的四个维度。学者Anastiasi指出："构念效度是指测量或量表能测量到理论上的构念或特质的程度。"因素分析的目的是验证量表的构念效度或结构效度，通过抽取变量间的共同因素，即通过降维可以用少的构念来代表原本复杂的数据结构。抽取因子负荷矩阵后，采用正交旋转法（Varimax）对初始因子负荷进行旋转，使得因子负荷矩阵的结构更加清晰，进而计算得到灾害救助政策公平感各维度的相关矩阵，以及各维度测量指标的信度系数。最后，还将考察灾害救助政策公平感测量的效度。

（一）描述性统计分析

数据描述统计的目的在于了解问卷中的项目即变量的基本情况，以便进行进一步的数据分析。表5－4的结果显示，对总体的508份有效样本，各项目的有效个数介于505～508，每个题目的缺失个数少于3个，缺失值共33个（N=15240），占总体比重的0.22%，缺失值很少，数据理想，因此采用变量的均值代替其缺失值；项目的最大值和最小值分别为5和1，没有出现奇异值，均值最大值为3.16，最小值为 2.52, 都在 3.00 附近, 标准差的范围为 0.85~1.19, 也都在 1 附近, 上下不超过 0.30。

表 5-4 公平感测量项目描述统计量 (N=508)

项目	有效数	缺失数	最小值	最大值	均值	标准差
T01	507	1	1	5	3.16	0.96
D01	507	1	1	5	3.16	0.96
D02	508	0	1	5	2.89	1.00
D03	508	0	1	5	3.13	1.02
D04	506	2	1	5	2.78	0.90
D05	507	1	1	5	2.92	0.85
D06	508	0	1	5	2.75	0.97
D07	508	0	1	5	2.84	0.97
P01	507	1	1	5	2.87	0.96
P02	508	0	1	5	2.63	0.85
P03	507	1	1	5	2.87	0.95
P04	506	2	1	5	2.64	1.00
P05	507	1	1	5	2.78	0.91
P06	507	1	1	5	2.58	1.03
P07	505	3	1	5	2.52	1.04
IP01	508	0	1	5	2.74	1.09
IP02	506	2	1	5	2.93	1.09
IP03	506	2	1	5	2.80	1.11
IP04	507	1	1	5	2.74	1.11
IP05	508	0	1	5	2.95	1.04
IP06	507	1	1	5	2.93	1.02
IP07	506	2	1	5	2.81	1.15
IP08	507	1	1	5	2.75	1.15
IF01	506	2	1	5	2.90	1.02
IF02	506	2	1	5	2.89	1.02
IF03	507	1	1	5	2.89	1.09
IF04	507	1	1	5	2.56	1.17
IF05	507	1	1	5	2.57	1.19
IF06	506	2	1	5	2.61	1.11
IF07	506	2	1	5	2.66	1.08

（二）项目分析

项目分析不同于信度检验，信度检验是检验整份量表或包含数个题项的构念的可靠程度，而项目分析的目的在于检验编制的量表或测验个别题项的适恰性或可靠程度。预测问卷施测后必须要进行预试问卷的项目分析，作为编制正式问卷的依据。项目分析的检验就是探究高低分的受试者在每个题项上的差异，其结果可以作为题项修改或删除的依据。

项目的区分度也称为鉴别度（Discrimination），分析项目区分度的主要目的在于辨别题目是否具有区别受试者能力高低的功能。因此，项目分析的主要内容是项目区分度分析。

目前，项目区分度主要有两个判别指标，一种是用项目与维度总分的相关系数来表示，相关系数绝对值越大且显著，则说明项目理想；另一种是大多数研究者最常用的临界比值法（Critical Ration），此法又被称为极端值法，主要是求出问卷个别项目的决断值——CR，CR 值又称为临界比。量表临界比的理念与测验编制中鉴别度的观念类似，它是根据测量总分区分出高分组受试者与低分组受试者后，再求出高分、低分两组在每个题项上平均数差异的显著性，其原理与独立样本的 T 检验相同。最后，项目分析后将未达到显著水平的项目删除。

本研究采用常用的临界比的项目区分度方法，结果如表 5-5 所示。

一般若采用极端值的临界比 CR，按照惯例将临界比值的 t 统计量的标准值设为 3.000，若项目在高低分组差异的 t 统计量小于此值，则表示该项目区分度差。从表 5-5 的结果来看，临界比值皆大于 3.000，且达到显著水平，因此可以判断就项目区分度分析而言，整个问卷的项目都具有较高的区分度，可以将所有的项目保留，进行下一步的分析。

表5-5 公平感测量项目临界比率值（CR）

分配公平		程序公平		信息公平		人际公平	
D01	5.822***	P01	11.402***	IF01	13.250***	IP01	7.245***
D02	5.443***	P02	10.693***	IF02	18.299***	IP02	19.967***
D03	2.804***	P03	13.353***	IF03	18.743***	IP03	20.492***
D04	13.617***	P04	12.160***	IF04	20.794***	IP04	21.662***
D05	13.096***	P05	13.017***	IF05	18.625***	IP05	16.277***
D06	12.026***	P06	15.241***	IF06	18.206***	IP06	15.900***
D07	13.484***	P07	16.278***	IF07	17.657***	IP07	19.448***
						IP08	21.160***

注：*表示显著水平为0.1，**表示显著水平为0.05，***表示显著水平为0.01。

（三）探索性因素分析

研究者一般认为因素分析要求的样本量不少于100，达到300的样本量就是好的，而样本量达到500以上则属于非常理想（吴明隆，2010）。据此标准，本研究的样本量属于理想类型。除此之外，在进行因素分析之前，为了检验量表中各题目是否适合采用因素分析的方法，一般通过取样适配性指数KMO的大小来判断，它是根据变量间净相关系数而得的值，KMO的取值介于0和1之间，其值小于0.50，表示题目非常不适合进行因素分析，大于0.70，表示勉强可进行因素分析，大于0.80，表示题目适合进行因素分析，若其值大于0.9，则表示非常适合进行因素分析（Spicer，2005）。此外，还可以通过Bartlett球体检验来判断具体的测量指标是否适合进行因素分析，其零假设为相关矩阵为单位阵，即变量间不存在显著的相关性。本研究对公平感测量量表的29个项目进行了Bartlett球体检验，并计算KMO测度统计量，具体结果见表5-6。结果表明，Bartlett球体检验

χ^2 为 9210.00 (df = 435, P < 0.0001), KMO 的值为 0.926, 表明这些题目适合进行探索性因素分析。

表 5-6 KMO 和 Bartlett 检验

取样足够度的 Kaiser-Meyer-Olkin 度量	Bartlett 的球形度检验		
	χ^2	df	Sig.
0.926	9210	435	0

提取因子的方法有多种，包括主成分分析法、一般最小平方法、极大似然法、主轴法、未加权平方法以及映像抽取法等，但采用最广泛的是主成分分析法。考虑到解释的便利性，本研究也采用主成分分析法，对所有项目进行探索性因素分析。主成分分析法是将所有测量指标即变量用线性方程合并，然后计算这些变量能够共同解释的变异量的大小，主要成分就是指该线性组合（吴明隆，2010）。在探索性因素分析中特征值是每个测量指标在与之共同因素的所有因素上的载荷量的平方和，在抽取共同因素的过程中按照特征值的大小依次抽取，值最大首先抽签，最后的共同因素的特征值一般在 0 附近。于是根据特征值大于 1 的原则，最后提取了 6 个共同因素，结果可见图 5-1。6 个因子共解释了 66.52% 的变异量，见表 5-7。

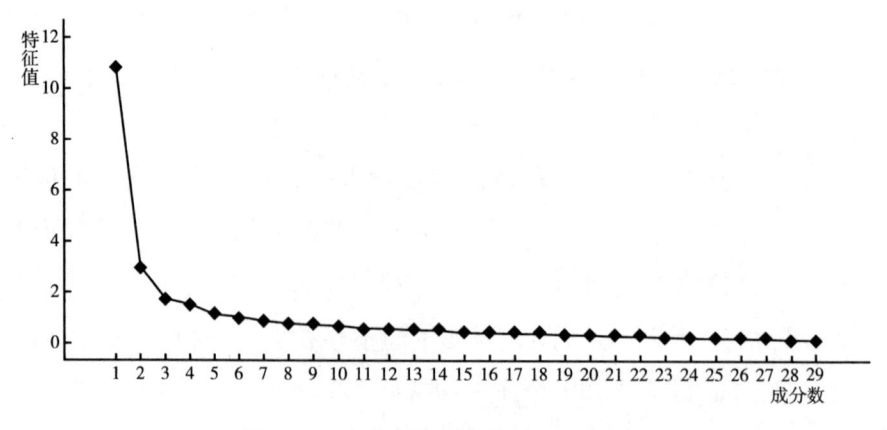

图 5-1 公平感探索性因素分析碎石图

表 5-7 公平感第一次因素分析因子载荷矩阵（N=508）

指标代码	因子载荷					
	因子1	因子2	因子3	因子4	因子5	因子6
D01	-0.164	0.126	0.113	0.697	-0.030	0.147
D02	-0.162	0.067	0.140	0.730	0.056	0.103
D03	-0.471	0.238	0.053	0.434	0.102	0.213
D04	0.170	0.126	0.482	0.431	0.174	0.101
D05	0.053	0.123	0.655	0.307	0.216	0.037
D06	0.212	0.099	0.720	0.098	0.096	0.143
P01	0.268	0.053	0.180	0.707	-0.054	0.058
P02	0.115	0.076	0.579	0.062	0.406	-0.007
D07	0.210	0.182	0.633	0.219	0.176	0.112
P03	0.072	0.291	0.595	0.143	0.101	0.277
P04	0.272	0.058	0.445	-0.033	0.497	0.157
P05	0.095	0.188	0.200	0.193	0.739	0.072
P06	0.249	0.160	0.196	0.035	0.747	0.175
P07	0.252	0.167	0.218	-0.059	0.647	0.324
IF01	0.049	0.166	0.090	0.134	0.305	0.800
IF02	0.247	0.218	0.182	0.129	0.187	0.786
IF03	0.360	0.257	0.276	0.043	0.042	0.701
IF04	0.786	0.262	0.187	0.013	0.219	0.171
IF05	0.798	0.245	0.143	-0.029	0.204	0.163
IF06	0.751	0.211	0.227	0.001	0.180	0.190
IF07	0.762	0.256	0.197	0.007	0.155	0.128
IP01	0.105	0.080	0.104	0.771	0.028	-0.099
IP02	0.382	0.514	0.454	0.050	-0.013	0.285
IP03	0.340	0.616	0.404	0.095	0.042	0.165
IP04	0.373	0.619	0.350	0.152	0.120	0.069
IP05	0.085	0.814	0.147	0.146	-0.170	0.136
IP06	0.170	0.805	0.072	0.137	0.172	0.153
IP07	0.326	0.733	0.072	0.076	0.153	0.177
IP08	0.644	0.390	0.203	0.123	0.238	0.125
特征值（未旋转）	10.837	3.014	1.740	1.528	1.132	1.039
贡献率（%）	14.674	12.925	12.070	9.788	8.657	8.405
累计贡献率（%）	14.674	27.599	39.668	49.457	58.113	66.519

从因素分析的结果可发现，P01（"救灾钱物发放过程是公平的"）几乎不负荷于程序公平因子，其因子负荷系数为 0.054；IP01（"总体来说，在救灾中干部是公平的"）也几乎不负荷于人际公平因子，其因子负荷系数为 0.099。从理论意义来看，这两个指标也确实存在不理想之处，因此删除了 P01、IP01 这两个指标。

对修正后的测量指标又进行了第二次因素分析，根据特征值大于 1 的原则，经方差最大正交旋转后提取出 5 个因子，共解释了 64.7%的变异量。具体的因子载荷矩阵见表 5-8。从结果看，因子载荷矩阵的结构清晰，理论含义也比较明确。

表 5-8　公平感第二次因素分析因子载荷矩阵（N=508）

指标代码	因子载荷					
	因子 1	因子 2	因子 3	因子 4	因子 5
	自上而下的信息公平	人际公平	分配公平	程序公平	水平的信息公平
D01	-0.208	0.206	0.663	-0.133	0.182
D02	-0.223	0.161	0.658	-0.023	0.260
D03	-0.460	0.271	0.415	0.026	0.260
D04	0.253	0.138	0.630	0.207	0.124
D05	0.201	0.118	0.613	0.365	0.038
D06	0.431	0.030	0.518	0.274	0.113
D07	0.364	0.160	0.522	0.321	0.104
P02	0.275	0.037	0.394	0.520	0.005
P03	0.261	0.244	0.468	0.241	0.249
P04	0.355	0.057	0.152	0.612	0.167
P05	0.052	0.265	0.139	0.740	0.152
P06	0.239	0.192	0.036	0.724	0.249
P07	0.288	0.162	0.009	0.630	0.373
IF01	0.064	0.165	0.100	0.243	0.834
IF02	0.287	0.203	0.144	0.159	0.800
IF03	0.448	0.214	0.136	0.072	0.687
IF04	0.785	0.256	0.014	0.205	0.193

续表

指标代码	因子载荷				
	因子1	因子2	因子3	因子4	因子5
	自上而下的信息公平	人际公平	分配公平	程序公平	水平的信息公平
IF05	0.793	0.231	-0.037	0.176	0.187
IF06	0.777	0.189	0.056	0.173	0.205
IF07	0.780	0.236	0.043	0.140	0.146
IP08	0.651	0.395	0.130	0.210	0.157
IP02	0.536	0.458	0.265	0.091	0.258
IP03	0.468	0.581	0.258	0.130	0.154
IP04	0.461	0.607	0.256	0.177	0.078
IP05	0.146	0.809	0.142	0.157	0.165
IP06	0.197	0.811	0.079	0.132	0.185
IP07	0.354	0.727	0.039	0.104	0.199
特征值（非旋转）	10.587	2.658	1.735	1.411	1.088
解释变异	0.392	0.099	0.064	0.052	0.040
累计解释变异	0.392	0.491	0.555	0.607	0.647

结合因子灾害矩阵以及各指标的具体内容，对5个因子分别命名如下。

（1）因子3——"分配公平"。这一因子包括对分配结果和分配方式两方面的评价。探索性因素分析的这一结果一方面表明对于灾后救助政策而言，分配方式应当归于分配公平而非程序公平，验证了前文研究分析的正确性；另一方面说明从灾区群众的感知而言，分配结果和分配方式间并不能完全区分。

需要说明的是，D03（"你得到的救灾钱物是符合你实际需要的"）体现了分配方式是否包含"按需要分配"这样的原则，属于分配公平中的项目。实际结果 D03 在"自上而下的信息公平"上的因子载荷绝对值最大，但考虑到其值为负，不符合理论含义，而 D03 在"分配公平"上的因子载荷也很高（0.415，D03 指标为第二高因子载荷），因此还是把它作为"分配公平"的测量指标更加合适。P03（"救灾钱物发放的程序是符合当时情况的"）虽然在问卷中被设计为体现程序公平的准确性原则，但从实际结果看，P03 在"分配公平"上的因子载荷最大，可以看作反映了救灾钱物的分配方式，所以将 P03 作为"分配公平"的测量指标更加合适。

（2）因子 4——"程序公平"。这一因子反映了救灾钱物发放程序执行和灾民参与发放程序制定的情况。灾害救助政策的"程序公平"与组织公平感中"程序公平"的重要区别在于灾民基本无法参与灾害救助政策本身的制定过程，只可能参与具体救灾钱物发放程序的制定和执行。

（3）因子 1——"自上而下的信息公平"。这一因子反映了干部与灾区群众间的信息互动。这是一种自上而下的信息沟通，指灾害救助政策执行过程中干部是否向灾区群众告知了应有的信息，包括向灾民提供相关的政策解释等。这与组织公平感中的信息公平一致。

（4）因子 5——"水平的信息公平"。这一因子反映了灾区群众是否能够及时获得灾害救助政策的信息。

与量表设计中构想的维度相比较，可以发现原信息公平的指标分成了"自上而下的信息公平"和"水平的信息公平"两类。"水平的信息公平"是公共政策公平感与组织公平感不同的一个维度，是由公共政策"公共"的属性所形成的一个维度。

（5）因子 2——"人际公平"。这一因子反映了在执行程序或决定分配结果时，权威对待灾民是否有礼貌、是否考虑到对方的尊严以及是否尊重对方等。从结果看，灾民对发放救灾钱物的干部和其他人之间在载荷系数方面有一定的区分，但还是属于同一个因子。

其中，IP02（"发放救灾钱物的干部对你以礼相待"）在"自上而下的信息公平"上的因子载荷绝对值最大，虽在"人际公平"上的因子载荷要相对小一些，但从理论意义来看，还是归入"人际公平"中较为妥当。另外两个与干部相关的项目 IP03（"发放救灾钱物的干部对你很尊重")和IP04("发放救灾钱物的干部会充分考虑你的需要")虽然在"人际公平"上的因子载荷绝对值最大,但在"自上而下的信息公平"上的因子载荷也较大。而IP08原是测量"人际公平"的项目,经因子分析,其在"自上而下的信息公平"上的因子载荷最大,所以归入"自上而下的信息公平"。比较"自上而下的信息公平"和"人际公平",可以发现对于灾害救助政策而言,刘亚等所提出的"领导公平"不仅体现在"人际公平"方面,也体现在"信息公平"的维度。中国"官本位"的文化背景对于公平感的影响还有待更深入的理论探讨。

根据以上分析,对测量量表进行项目修改,形成具体分析量表。

分析量表包括五个维度的27个测量项目,五个维度包括分配公平、程序公平、自上而下的信息公平、水平的信息公平和人际公平,每个维度分别对应不同的测量项目。与组织公平感结构相比,虽然"分配公平""程序公平""人际公平"的名称保留了,但是其含义发生了一定的变化。其中,"人际公平"基本与组织情境下该维度的内容类似,但是由于感知主体的差异,人际互动的双方关系有所不同。组织情境下,上司与员工是管理与被管理的关系,而灾害救助情境下,执行政策的基层干部与灾区群众是服务与被服务、被监督与监督的关系。相应的,这一维度的本质也发生了改变。根据上文的分析,分配公平与程序公平具体测量项目发生了一定的改变,这验证了第四章相关实证研究的结论:分配公平包括分配结果的公平和分配方式的公平,原来在组织情境下的属于程序公平的、反映分配原则的测量指标应划归为反映分配方式的指标。信息公平的变化最大,在最初的量表项目编制过程中,测量信息公平的项目只包括目前反映自上而下信息公平的项目,但在专家评审阶段,根据他们对救灾政策实践的理解,提出了在中国的巨灾救灾背景下,政策信息的传递模式不仅是单一的政策执行者对信息的传递,还包括更一般的传递方式——大众传媒等公共传播方式的传递。结合笔者在汶川地震和玉树地震灾区实地调研的发现，政策受众很大程度上并非直接或单一地通过政策执行者获得准确的政策信息，所以在编制测量项目时加入了3个反映通过公共传播方式获得政策信息的测量项目。探索性因素分析的结果表明，这3个测量项目形成了一个单独的维度，在本章中被命名为"水平的信息公平"，它和"自上而下的信息公平"在实证研究中可以相互区分。修改后的分析量表测量项目见表5-9。

表5-9 灾害救助政策公平感测量指标（修改版）及信度分析（N=508）

项　目	内部一致性系数	该题与总分相关系数	删除该题后的内部一致性系数
分配公平	0.788	—	—
D01 和你周围的人相比,你得到的救灾钱物是公平的	—	0.620	0.768
D02 和其他受灾乡镇的人相比,你得到的救灾钱物是公平的	—	0.621	0.770
D03 你得到的救灾钱物是符合你实际需要的	—	0.513	0.792
D04 在你们这里,救灾钱物发放主要考虑各家的受灾情况	—	0.696	0.752
D05 救灾钱物发放是按规定进行的	—	0.699	0.752
D06 救灾钱物发放是公开和透明的	—	0.634	0.766
D07 你这里能做到在救灾钱物发放规定面前人人平等	—	0.667	0.759
P03 救灾钱物发放的程序是符合当时情况的	—	0.654	0.710
程序公平	0.812	—	—
P02 你或你周围的人可以参与救灾钱物发放办法制定的过程	—	0.652	0.807
P04 如果你对救灾钱物发放有疑问,有可以反映问题的渠道	—	0.751	0.780
P05 总体来说,救灾钱物发放程序能够得到很好的执行	—	0.751	0.775

第五章 灾害救助政策公平感的测量：基于玉树地震的研究

续表

项　目	内部一致性系数	该题与总分相关系数	删除该题后的内部一致性系数
P06 在救灾钱物发放过程中你可以表达自己的观点和感受	—	0.824	0.746
P07 你们这里的人有监督救灾钱物发放程序的权利	—	0.791	0.764
自上而下的信息公平	0.923	—	—
IF04 在救灾中，干部能够与你坦诚的交流	—	0.900	0.899
IF05 如果对救灾钱物发放的结果有意见，干部会耐心地解释	—	0.903	0.898
IF06 如果你对救灾钱物的发放有疑问，会得到满意的回答	—	0.874	0.906
IF07 干部很关心你对救灾钱物发放的想法，并能够及时与你沟通	—	0.861	0.909
IP08 在救灾中，干部能给你提供支持和帮助。	—	0.837	0.917
水平的信息公平	0.852	—	—
IF01 你和你周围的人能够及时获得救灾钱物发放的信息	—	0.855	0.832
IF02 你和你周围的人能够及时获得救灾钱物发放程序的信息	—	0.913	0.721
IF03 你和你周围的人能及时获得救灾钱物发放结果的信息	—	0.870	0.824
人际公平	0.901	—	—
IP02 发放救灾钱物的干部对你以礼相待	—	0.805	0.886
IP03 发放救灾钱物的干部对你很尊重	—	0.849	0.877
IP04 发放救灾钱物的干部会充分考虑你的需要	—	0.833	0.880
IP05 发放救灾钱物的其他人对你以礼相待	—	0.812	0.884
IP06 发放救灾钱物的其他人对你很尊重	—	0.808	0.884
IP07 发放救灾钱物的其他人会充分考虑你的需要	—	0.802	0.888

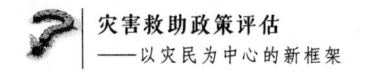

四 信度和效度分析

为了检验修改后灾害救助政策公平感测量量表具备测量的可用性，我们还需要进行信度分析和效度分析。

（一）信度分析

经过修改后灾害救助政策公平感测量量表共包括五个维度27个项目。从表5-9可以看出，灾害救助政策公平感问卷各维度的测量指标具有较为良好的信度，其内部一致性系数为0.788~0.923，且问卷总体一致性系数为0.935，均高于社会测量的信度推荐值（0.70）。分别对每个维度的各测量指标求均值可得到灾害救助政策公平感各维度的平均得分。从项目得分与总分的相关分析来看，所有题目与总分相关度均较高，并且删除任何一个项目都不会引起信度的明显提高。因此，信度分析表明，修改后的灾害救助政策公平感测量量表的设计是合理的。

（二）效度分析

如果本研究收集和编制的测量项目有效，它们应该对与灾害救助政策公平感相关的效果变量具有比较强的解释力。公平感的研究文献指出，公平感是"个人性结果"（Personal Outcomes）的重要的预测源（Sweeney & McFarlin, 1993），有的学者将这种"个人性结果"称为结果满意度（Outcome Satisfaction）（Colquitt et al., 2001），例如组织中员工的公平感越强，对薪酬或提升的满意度就越高。基于此，可以将"得到的救灾钱物的满意度"作为灾民对救助政策公平感的效果变量。本研究以"灾民得到救灾钱物的满意度"为例，考察修改后的灾害救助政策公平感测量指标的效度。

第五章 灾害救助政策公平感的测量：基于玉树地震的研究

具体而言，因变量为"你对发给你的救灾钱物是满意的吗？"解释变量分为四类，分别是灾后救助政策公平感、人口统计学变量、灾前家庭社会经济状况、地震损失与救助情况。在模型一中，仅包括人口统计学变量、灾前家庭社会经济状况和地震损失与救助情况；模型二，在模型一的基础上纳入灾后救助政策公平感。从理论上看，人口统计学变量、灾前家庭社会经济状况以及地震损失与救助情况均能够解释一定程度的满意度。如果灾害救助政策公平感测量指标确实具有效度，模型二的解释力应该远远大于模型一的解释力。灾害救助政策公平感包括上文表述的五个维度，各个维度由所属项目均值获得，五个维度的均值得到总的灾害救助政策公平感变量，纳入统计模型。

人口统计学变量包括受访者的性别、年龄分组、受教育程度；灾前家庭社会经济状况包括户口所在地和自评震前家庭经济状况；地震损失与救助情况包括家庭经济损失总额和家庭获得救灾款总额，具体自变量情况见表5-10。人口统计学变量作分类变量处理，性别变量为二分变量，男性略多于女性；年龄分组变量为三分变量，基本符合正态分布，在本研究中以年龄30岁以下为参照组；受教育程度变量为二分变量，分别为文盲或半文盲和非文盲。在反映灾前家庭社会经济状况的两个变量中，户口所在地也作为二分虚拟变量处理，以本地户口为参照；自评震前家庭经济状况分为上等、中上、中等、中下和下等五组，作为连续变量纳入回归中。反映地震损失与救助情况的家庭经济损失金额和家庭获得救灾款总额这两个变量皆为连续变量，本研究中总经济损失额和救灾款金额的均值分别为15.77万元、0.48万元。因变量为灾区群众对灾害救助满意度，为连续变量，其均值和标准差分别为3.21和0.97。

采用线性回归模型对数据进行分析，结果见表5-11。模型一和模型二总体上均显著。在模型一中，人口统计学变量中的受访者性别、30~40岁年龄组和受教育程度、灾前家庭社会经济状况中的受访者户口所在地以及地震受损情况中的救灾款金额这些解释变量在

表 5-10　效度分析变量的描述统计量（N=508）

单位：%

变	量	赋值	说明	比例	均值	标准差
自变量	性别	1	男	62.99	—	—
		0	女	37.01	—	—
	年龄分组	0	≤30岁（参照组）	20.67	—	—
		1	31~40岁	50.79	—	—
		1	>40岁	28.54	—	—
	受教育程度	0	文盲/半文盲	56.66	—	—
		1	非文盲	43.34	—	—
	户口所在地	0	外地	18.11	—	—
		1	本地	81.89	—	—
	自评震前家庭经济状况	1	上等	0.79	—	—
		2	中上	4.93	—	—
		3	中等	44.18	—	—
		4	中下	33.33	—	—
		5	下等	16.77	—	—
	救灾款金额(万元)	—	—	—	0.48	0.54
	总经济损失额(万元)	—	—	—	15.77	23.51
	灾害救助政策公平感	—	—	—	2.80	0.63
因变量	灾区群众对灾害救助满意度	—	—	—	3.21	0.97

0.1 显著性水平上统计显著，同时系数的方向也符合理论预期。性别的回归系数为负，可以看出和男性相比，女性受访者的结果满意度更高；年龄分组的系数为正，说明和其他年龄的人相比，年龄在 30~40 岁的人的结果满意度更高；受教育程度的回归系数为正，表明与文盲或半文盲相比，受教育程度高的人对救灾物资发放结果的满意度更高；和外地人相比，本地人的结果满意度更高；救灾款金额的回归系数为正，则说明得到救灾款多的人，其结果满意度更高。模型二纳

第五章 灾害救助政策公平感的测量：基于玉树地震的研究

入灾害救助政策公平感变量，从结果看灾害救助政策公平感变量在 0.01 显著性水平上的统计显著，并且回归系数为正，说明灾民灾害救助政策公平感越强，他们对救灾钱物发放的结果满意度就越高，同时其他变量的显著性情况和回归系数方向基本没有发生变化。此外，模型一的调整 R^2 为 0.083，模型二的调整 R^2 为 0.144，显然，模型二的解释力大于模型一的解释力，该结果与理论预期吻合，说明本研究建构的灾后救助政策公平感的测量指标是有效的。

表 5-11 灾害救助政策公平感的预测效度分析：以结果满意度为例（N=508）

自变量	模型一 回归系数	模型一 标准误	模型二 回归系数	模型二 标准误
性别（男=1 女=0）	-0.176**	0.088	-0.164*	0.085
年龄分组参照值,≤30 岁	—	—	—	—
30 岁<年龄≤40 岁	0.205**	0.102	0.225**	0.099
年龄>40 岁	0.156	0.124	0.168	0.120
受教育程度（文盲=0 非文盲=1）	0.227**	0.098	0.182*	0.095
户口所在地（外地=0 本地=1）	0.605***	0.121	0.544***	0.118
自评震前家庭经济状况（5=上等 4=中上 3=中等 2=中下 1=下等）	-0.027	0.054	0.013	0.052
救灾款金额（万元）	0.164**	0.786	0.166**	0.076
总经济损失额（万元）	-0.003	0.002	-0.003	0.002
灾后救助政策公平感	—	—	0.372***	0.064
截距	2.633	0.178	1.537	0.254
有效样本数	476	476	—	—
F	6.36***	—	9.88***	—
R^2	0.098		0.160	
调整 R^2	0.083		0.144	

注：* 表示显著水平为 0.1，** 表示显著水平为 0.05，*** 表示显著水平为 0.01。

五 讨论和小结

第四章对汶川地震灾害救助政策公平感的讨论虽然对公共政策公平感的理解有重要贡献，但是使用间接变量来分析公平感维度，有较大的局限性。本章则在汶川地震灾害救助政策公平感研究的基础上，参考组织公平感文献和测量工具，发展出一套针对灾害救助政策公平感的测量量表。对 2010 年玉树地震灾害救助政策公平感的实证研究结果显示，这套量表比较准确地测量了灾害救助政策公平感，具有良好的信度和效度。数据分析结果最终得到灾害救助政策公平感的五个维度，分别是分配公平、程序公平、自上而下的信息公平、水平的信息公平和人际公平。这表明灾害救助政策公平感与组织公平感有相似之处，但也存在一定的区别，具有如下几个特征。

第一，灾害救助政策公平感具有五个维度，信息公平被分解为"自上而下的信息公平"和"水平的信息公平"，显示公共政策的信息传递模式与组织内信息传递模式不同。政策受众一方面通过政策执行者获得政策信息，这与组织内信息传递方式是类似的，另一方面可以通过大众媒体等其他方式获得政策信息，并且政策受众对这两类获得政策信息的方式的评价是相互区分的。

第二，灾害救助政策公平感中的分配公平既包含了对分配结果的评价，也包含了对分配方式的评价，是将组织公平感中程序公平的一部分转移到分配公平中，并且对分配结果和分配方式的评价混杂在一起，相互影响，难以区分。

第三，公共政策不仅政策制定和决策过程与执行过程是相对分离的，而且在执行过程中，也涉及执行方式确定和自由裁量权的问题，因此公共政策公平感中的程序公平涉及制定和决策程序公平与执行程序公平两类。对于大多数政策情景，政策受众主要感知的是执行程序公平，本书讨论的灾害救助政策就是这种情况。这与组织公平感有很大不同，也是分配方式体现在分配公平中的原因。

第四，灾害救助政策公平感的人际公平与组织公平感较为相似，但灾害救助政策公平感的人际公平对于干部和其他人的区分会更敏感。

第五，刘亚等（2003）提出的在中国，组织公平感的领导公平维度在灾害救助政策公平感中分别体现在"自上而下的信息公平"和"人际公平"两方面，而非仅体现在"人际公平"方面。这也与组织公平感不同。

本章研究还表明，对于灾害救助政策而言，"自上而下的信息公平"是影响灾害救助政策公平感最重要的因子，要远超过其他维度。这可以部分地解释为什么虽然各级政府拿出大量资源救助灾区群众，也制定了合理的救助标准和较为规范的救助程序，却还有许多群众认为自己得到的救助不公平。在救助政策执行中，代表着政府的各级干部和工作人员是否能够积极帮助群众、与群众坦诚交流沟通以及耐心向群众解释政策等对群众的主观感受有着重要的影响，必须给予高度的重视，但这些环节恰恰是汶川地震和玉树地震后救助政策做得还不够的方面。"人际公平"也是影响灾民公平感的主要因素。"自上而下的信息公平"和"人际公平"的重要性都显示主导灾害救助政策公平性的核心因素在于政策的基层执行者。灾害救助政策属于一种需要直接与政策受众打交道的"窗口政策"，政策效果直接受到和灾区群众互动过程的影响。"窗口政策"普遍要求政策执行者具有端正的工作态度和更高的服务意识。灾害救助政策同时是一种政策基层执行者具有更高"自由裁量权"的政策，这类政策在执行中总是面临对基层执行者加强管制还是扩大授权或强调官僚理性还是专业伦理的争论（Lipsky，1980；Mashaw，1983；米切尔·黑尧，2004）。无论是"窗口政策"，还是高"自由裁量权"的政策，都要求在政策制定过程中就充分考虑政策执行的问题。反之，通过公平感的测量也直接有助于改进这些公共政策的执行。"分配公平""程序公平"以及"水平的信息公平"对灾害救助政策公平感的影响程度相近,都属于灾害救助政策公平感相对次要的维度。值得强调的是,"分配公平"主要侧重于分配方式,"程序公平"侧重于政策执行程序,"水平的信息公平"主要反映政策通过多种媒介宣传和传播的情况,这也是有必要进一步重视和研究的维度。

本章主要是对灾害救助公平感测量的探索性因素分析,从心理感知变量测量的角度而言,探索性因素分析仅是第一步,并不能保证其构念效度,因此为了验证所设计公平感测量量表的有效性,还需要进行验证性因素分析,采用另一样本验证由本章确定的灾害救助政策公平感的构念效度,进一步确定灾害救助政策公平感的结构。

第六章
公共政策公平感测量的进一步验证

第五章初步讨论了灾害救助政策公平感的测量问题。首先，结合组织公平感测量方面的理论和量表，针对灾害救助政策公平感的特点，设计了灾害救助政策公平感测量量表。进而，以玉树地震灾害救助政策为例，运用所设计的量表进行了实际测量。基于实际测量的公平感数据，进行了探索性因素分析，修订了灾害救助政策公平感测量量表，得到了包括分配公平、程序公平、自上而下的信息公平、水平的信息公平和人际公平五个维度27个测量项目的量表，并进行了信度、效度检验。进一步的，为了将灾害救助政策公平感量表一般化，显然需要对这一公共政策公平感量表进行验证性因素分析，核心是保证公平感测量的构念效度。为此，需要使用另一样本。

汶川地震后，笔者参加了一项对灾区群众生活状态三年跟踪入户问卷调查。其中，2008年的问卷数据已经在第三章和第五章使用过。由于2008年问卷调查对象当时还主要居住在安置区，所以调查对象流失率很高，到2010年问卷调查时，有效样本共722份。汶川地震后，从中央到灾区各级地方，实施了大量恢复重建政策，其中包含了较多直接针对灾区群众的利益分配政策内容，如对倒塌住房重建的补贴等。为贯彻"三年重建两年完成"的政策要求，这些政策到2010

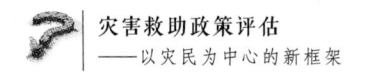

年已经全面实施，甚至大部分已实施完毕。因此，在2010年追踪问卷调查中，也使用了第五章设计的公共政策公平感量表测量灾区群众对恢复重建补偿政策的公平感。本章将使用这一样本对公共政策公平感量表进行验证性因素分析。

一 验证性因素分析基本思路

第五章，通过借鉴组织公平感的测量方法并结合理论分析框架编制了测量灾害救助政策公平感的初始量表，将该量表应用于玉树地震后灾害救助政策施测，并根据数据探索性因素分析后的结果对量表进行修改，形成了灾害救助政策公平感的分析量表。之后，经过多种测量学指标分析，证明该量表测量框架的合理性。为了更好地理解公共政策公平感的维度及其理论结构，必须进一步对公共政策公平感的构念效度进行验证。

通常情况下，从信度和效度两方面来评价量表的质量，效度包括内容效度、表面效度、校标关联效度以及构念效度。构念效度指的是测量的准确性，它用来评价在对构念，即潜在变量进行操作化时，变量测量的内容和构念的含义是否一致（陈晓萍、徐淑英、樊景立，2008）。构念效度包括聚合效度和区分效度两方面内容，区分效度是指构念所代表的潜在特质和其他构念所代表的潜在特质间低相关或有显著的差异存在，而聚合效度是指测量相同潜在特质的项目或测验会落在同一个因素构念上，且项目或测量所得的测量值之间具有高度的相关（吴明隆，2009）。与因素分析的另一方法（探索性因素方法）仅用于简化数据或抽取因素不同，验证性因素分析（Confirmatory Factor Analysis，CFA）不仅可以用来检验抽象概念或潜在变量的存在与否，而且可以验证特定理论假设下的因素结构的合理性。

验证性因素分析可以同时验证区分效度和聚合效度，达到对构念效度的检验，因此常被用来作为效度评价的理想方法。要说明的是，验证性因素分析方法规定，不能用同一样本既作探索性因素分析又作验证性因素分析，这样会导致严重的序列误差。基于此，本研究在汶川地震灾区使用所设计的公共政策公平感量表，针对汶川地震恢复重建补偿政策进行了公平感测试，并利用这一数据进行验证性因素分析，然后对量表进行信度检验，以此观察实际数据与该量表的理论结构是否拟合，如果拟合良好，则可以确定量表的测量框架，同时确定公共政策公平感的理论模型。

二 汶川地震恢复重建补偿政策与数据来源

2008年发生的汶川地震造成严重的人员和经济损失，社会影响非常大。中央和灾区地方各级政府对汶川地震恢复重建工作非常重视，恢复重建政策力度空前。2008年6月8日，国务院公布并施行《汶川地震灾后恢复重建条例》，明确规定了汶川地震恢复重建工作的方针、原则和恢复重建涉及的过渡性安置、调查评估、规划、实施、资金筹集与政策扶持以及监督管理等内容。用国务院条例的方式界定灾后恢复重建工作，这在中国灾害史上还是第一次。2008年6月29日，国务院颁布了《关于支持汶川地震灾后恢复重建政策措施的意见》，该意见提出了中央财政建立地震灾后恢复重建基金、财政支出政策，税收政策，政府性基金和行政事业性收费政策，金融政策，产业扶持政策，土地和矿产资源政策，就业援助和社会保险政策和粮食政策等恢复重建政策措施，其中多类政策包含直接对灾区群众的利益分配内容，如中央财政地震灾后恢复重建基金支出，采取对居民个人补助、项目投资补助、贷款贴息等方式，对城乡居民倒塌毁损住房和工农业恢复生产和重建等给予支持；对受灾地区个人取得的救灾款项、接受捐赠的款项、与抗震救灾有关的补贴收入等，免征个人所得税；对受灾居民安居房、住房倒塌农民重建住房等免征相关的土地使用税、增值税、耕地占用税、印花税和契税等；对企业招用当地因灾失去工作的城镇职工、受灾严重地区因灾失去工作的城镇职工从事个体经营的扣减相关税费；减轻受灾严重地区的企业、单位和个人部分政府性基金和行政事业性收费；加大对受灾地区"三农"发展的信贷支持力度，对受灾地区实行住房信贷优惠政策；免收受灾地区恢复重建相关新增建设用地土地有偿使用费和土地出让收入，对特定范围恢复重建用地实行划拨土地；对因灾出现的就业困难人员加大就业援助，并对从事公益性岗位工作和灵活就业的就业困难人员，按规定提供社会保险补贴；在工伤保险、养老保险和城市低保等方面，实行特殊政策，提高待遇支付；粮食直补、农资综合直补等资金适当向受灾地区倾斜。2008年7月10日，四川省人民政府颁布了《关于支持汶川地震灾后恢复重建政策措施的意见》，进一步细化了国务院支持汶川地震灾后恢复重建政策措施的内容，同样包括了大量直接对灾区群众的利益分配内容。

  汶川地震灾后恢复重建政策措施中大量直接对灾区群众利益分配的内容可统称为恢复重建补偿政策，这是各级政府考虑灾区群众因地震灾害造成大量损失，为了加快灾区群众生产、生活恢复重建的速度而提供的特殊的利益补偿。显然，恢复重建补偿政策会引发灾区群众直接的甚至强烈的政策公平与否的感受。因此，汶川地震恢复重建补偿政策完全适用于公共政策公平感的测量和研究。

  北京师范大学社会发展与公共政策学院在汶川地震灾区开展了较大规模的入户问卷调查，并采用了跟踪调查方法，分别在2008年7月初、2009年8月底和2010年8月底进行了3次跟踪入户问卷调查。在第三章和第五章均使用了2008年的入户问卷调查数据，本章则使用了2010年的跟踪数据。该数据采用分层随机抽样方法，2008年数据抽样方式详见第三章，不再赘述。跟踪调查采用电话预约、访谈员入户的方式。由于2008年，大部分被访者居住在临时性或过渡性安置点,所以在追踪过程中被访者流失率较高。2010年数据清理后共有722份有效问卷。因为本研究主要关注被访者对恢复重建补偿政策的公平感,所以追踪数据流失问题对本研究基本无影响。

3次调查中,均根据相关研究的需要调整了问卷。因为汶川地震恢复重建要求"三年重建,两年完成",所以到2010年8月底,相关恢复重建补偿政策已经全面实施,甚至大部分已实施完成。因此,在2010年调查中,根据之前在玉树地震灾区进行灾害救助政策公平感研究的情况,在问卷中加入了经修订后设计的恢复重建补偿政策公平感量表。

该数据有效样本的人口学描述统计情况见表6-1。从表6-1可见,受访者中男女比例均衡,男性受访者略多于女性;他们的平均年龄为35岁,均为成熟的成年人,青壮年居多,其中25~44岁的人占到了样本的51.69%;88.01%的受访者无宗教信仰;汉族受访者占八成以上,其他受访者均为羌族;85.21%的受访者为农业户口;受访者普遍受教育程度有限,小学以上文化程度的不足四成,这与灾区当地的实际情况基本相符。

表6-1 样本的人口学特征（N=722）

变量		频数(人)	百分比(%)
性 别	男	387	54.74
	女	320	45.26
年 龄	25岁以下	172	24.23
	25~34岁	179	25.21
	35~44岁	188	26.48
	45~54岁	116	16.34
	55岁以上	55	7.75
宗教信仰	无宗教信仰	624	88.01
	有宗教信仰	85	11.99

续表

变量		频数(人)	百分比(%)
婚姻状况	未婚	27	3.84
	已婚	677	96.16
民族	汉族	596	84.06
	羌族	113	15.94
户口类型	农业	605	85.21
	非农业	105	14.79
教育程度	小学以下	437	61.55
	初中/高中及中专	257	36.20
	大专及以上	16	2.25

三 验证性因素分析

(一) 测量项目分析 (区分度)

根据第五章分析结果，公平感测量项目共五个维度27个项目。为了便于理解，项目编号采用第五章设计量表的编号。

项目分析的检验就是探究高分组、低分组（高分组为总得分由高到低排序后得分在前27%的被试，低分组为排序后得分在后27%的被试）的受试者在每个题项上的差异，其结果可以作为题项修改或删除的依据。

项目区分度分析主要有计算项目与维度总分的相关系数法和临界比值法两种方法，本研究采用最常用的临界比值法。计算量表的临界比值的原理与独立样本的T检验相同，一般根据测量总分区分出高分组受试者与低分组受试者后，再求出高分、低分两组在每个题项上平均数差异的显著性。项目区分度分析后，将未达到显著水平的项目删除。结果如表6-2所示。

表6-2　公平感测量项目临界比率值（CR）

分配公平		程序公平		自上而下的信息公平		水平的信息公平		人际公平	
D01	18.316***	P02	16.589***	IF04	26.983***	IF01	24.763***	IP02	23.293***
D02	18.291***	P04	21.800***	IF05	28.898***	IF02	23.713***	IP03	24.412***
D03	14.831***	P05	26.385***	IF06	26.886***	IF03	24.986***	IP04	25.521***
D04	20.043***	P06	21.348***	IF07	25.257***	—	—	IP05	21.931***
D05	25.373***	P07	22.252***	IP08	24.160***	—	—	IP06	22.211***
D06	25.703***	—	—	—	—	—	—	IP07	24.016***
D07	25.195***	—	—	—	—	—	—	—	—
P03	24.113***	—	—	—	—	—	—	—	—

说明：* 表示显著水平为0.1，** 表示显著水平为0.05，*** 表示显著水平为0.01。

一般若采用极端值的临界比CR，按照惯例将临界比值的t统计量的标准值设为3.000，若项目在高分、低分组差异的t统计量小于此值，则表示该项目区分度差。从表6-2的结果来看，临界比值皆大于3.000，且显著，因此可以判断就项目区分度分析而言，整个公平感测量项目都具有较高的区分度，可以将所有的项目保留，进行下一步的分析。

（二）测量项目描述统计

描述统计的目的在于检测量表中的测量项目，即各个变量可否进行潜变量分析——构念效度的检验。表6-3和表6-4的结果显示，对于全部722份有效样本，各项目的有效个数介于718~722，缺失个数少于4个，占总体比重不足0.5%；项目的最大值和最小值分别为5和1，没有出现奇异值，均值都在3.00附近，标准差也都在1.00附近，上下不超过0.13。数据的正态程度可以根据偏度（Skewness）和峰度（Kurtosis）来判断，通常来说，如果所有项目的峰度小于 4 且偏度小于 3，则表明数据为正态分布（Kline，1998），据此，本测量的数据均达到正态分布标准。

表 6-3　公平感测量项目描述统计之一（N=722）

编号	项目	均值	标准差
D01	和你周围的人相比,你得到恢复重建补偿是公平的	3.200	1.096
D02	和其他受灾乡镇的人相比,你得到恢复重建补偿是公平的	3.100	1.080
D03	你得到的恢复重建补偿是符合你需要的	3.300	1.021
D04	在你们这里,恢复重建补偿主要考虑各家的受灾情况	3.030	1.117
D05	恢复重建补偿是按规定进行的	3.300	1.038
D06	恢复重建补偿是公开和透明的	3.210	1.120
D07	你这里能做到在恢复重建补偿规定面前人人平等	2.930	1.086
P03	你这里恢复重建补偿的程序是符合当时情况的	3.100	1.004
P02	你或你周围的人可以参与恢复重建补偿办法制定的过程	2.490	1.103
P04	如果你对恢复重建补偿有疑问,有可以反映问题的渠道	2.780	1.136
P05	总体来说,恢复重建补偿程序能够得到很好的执行	3.060	1.000
P06	在恢复重建补偿过程中你可以表达自己的观点和感受	2.780	1.063
P07	你们这里的人有监督恢复重建补偿程序的权利	2.630	1.110
IF01	你和你周围的人能够及时获得恢复重建补偿的信息	2.990	1.050
IF02	你和你周围的人能够及时获得恢复重建补偿程序的信息	3.000	1.059
IF03	你和你周围的人能够及时获得恢复重建补偿结果的信息	3.080	1.046
IP02	发放恢复重建补偿的干部对你以礼相待	3.280	0.983
IP03	发放恢复重建补偿的干部对你很尊重	3.260	0.987
IP04	发放恢复重建补偿的干部会考虑你的需要	2.980	1.033
IP05	发放恢复重建补偿的其他人对你以礼相待	3.310	0.946
IP06	发放恢复重建补偿的其他人对你很尊重	3.310	0.953
IP07	发放恢复重建补偿的其他人会充分考虑你的需要	3.000	1.012
IP08	在恢复重建中,干部能给你提供支持和帮助	2.840	1.071
IF04	在恢复重建中,干部能够与你坦诚的交流	2.740	1.068
IF05	如果你对恢复重建补偿的结果有意见,干部会耐心地解释	2.790	1.092
IF06	如果你对恢复重建补偿有疑问,会得到满意的回答	2.710	1.095
IF07	干部很关心你对恢复重建的想法,并能够及时与你沟通	2.700	1.100

表 6-4 公平感测量项目描述统计之二（N=722）

项目编号	个数 有效	个数 缺失	最小值	最大值	偏度	峰度
D01	720	2	1.00	5.00	-0.348	-0.775
D02	718	4	1.00	5.00	-0.232	-0.816
D03	721	1	1.00	5.00	-0.437	-0.431
D04	720	2	1.00	5.00	-0.112	-0.842
D05	720	2	1.00	5.00	-0.296	-0.522
D06	721	1	1.00	5.00	-0.282	-0.749
D07	722	0	1.00	5.00	0.026	-0.677
P03	718	4	1.00	5.00	-0.268	-0.442
P02	721	1	1.00	5.00	0.407	-0.624
P04	720	2	1.00	5.00	0.039	-0.870
P05	720	2	1.00	5.00	-0.198	-0.445
P06	718	4	1.00	5.00	-0.023	-0.709
P07	721	1	1.00	5.00	0.207	-0.746
IF01	720	2	1.00	5.00	-0.069	-0.511
IF02	721	1	1.00	5.00	-0.083	-0.525
IF03	721	1	1.00	5.00	-0.149	-0.477
IP02	720	2	1.00	5.00	-0.506	-0.166
IP03	721	1	1.00	5.00	-0.471	-0.200
IP04	719	3	1.00	5.00	-0.136	-0.583
IP05	720	2	1.00	5.00	-0.475	-0.121
IP06	719	3	1.00	5.00	-0.425	-0.168
IP07	721	1	1.00	5.00	-0.123	-0.526
IP08	718	4	1.00	5.00	0.046	-0.755
IF04	719	3	1.00	5.00	0.094	-0.724
IF05	718	4	1.00	5.00	0.037	-0.756
IF06	720	2	1.00	5.00	0.116	-0.724
IF07	722	0	1.00	5.00	0.170	-0.720

（三）验证性因素分析

潜在变量的因素分析就是验证性因素分析，与因素分析的另一方法探索性因素方法仅用于简化数据或抽取因素不同，它可以用来检验抽象概念或潜在变量的存在与否，评价测量工具的项目信度与效度，并且可以检验特定理论假设下的因素结构。在 Amos 20.0 中提供了多种模型常用的参数估计方法：极大似然估计法（ML 法）、一般化最小平方方法（GLS 法）、一般最小平方方法（ULS 法）、渐进分布自由法（ADF 法）。这是验证性分析的必要工具，ML 法是目前使用最广泛的 CFA 适配函数估计法，也是 Amos 20.0 默认的参数估计法。它的基本假设为，观察数据都是从总体中抽取的，所抽出的样本必须是所有可能样本中最可能被选择的，若符合此假设，估计的参数则能反映总体的参数（邱皓政，2005）。ML 法最基本的要求是数据正态，样本量大于 500（邱皓政、林碧芳，2009）。本研究使用的数据是正态且样本数也大于 500，故可以采取 ML 估计法。同时由于数据的整体缺失值所占比重不足 0.5%，所以用均值代替法（Mean Substitution）处理缺失值。根据 Amos 的默认设置，测量模型中的测量指标的测量误差项的路径系数内定为 1，每个测量模型中（初始有 5 个测量模型）第一个指标变量的路径系数内定为 1。在对初始模型进行设定后，就可以运行程序。

运行程序得到初始结果后，要进行模型的检验和评估，也称为模型拟合评价（Model-fit Evaluation）。通过不同拟合指数（Goodness-of-fit Index）的计算，可以分析假设模型和实际数据的拟合情况。Bagozzi 和 Yi 提出三类拟合指标：基本适配指标、整体模型适配指标、模型内在结构适配指标（Bagozzi & Yi, 1988）。基本适配指标有以下 5 个准则：①误差变异达到显著水平；②不能出现负的误差方差；③不能出现非常大的标准误；④潜在变量与测量项目间的因素载荷值大于 0.50；⑤各估计值间相关系数的绝对值不能太接近于 1。

一般情况下，Amos20.0 会同时报告标准化形式和未标准化形式的参数估计值，为了便于解释，本书只报告标准化形式的参数估计值。

根据表6-5可知，公平感27个测量项目在假设的各维度上的因素载荷值为0.63~0.97，且t值均大于2.85，即显著性水平达到0.01，通过显著性检验。Tabachnick和Fidell认为当因素载荷大于0.63时就表明该因素可以解释观察变量40%的变异量，这是非常好的状况（Tabachnick & Fidell, 2007）。按此标准公共政策公平感量表的所有项目可以保留，无须删除，可用于下一步检验。

表6-5　公平感测量项目的因素载荷（N=722）

分配公平		程序公平		自上而下的信息公平		水平的信息公平		人际公平	
D01	0.67***	P02	0.64***	IF04	0.90***	IF01	0.95***	IP02	0.93***
D02	0.66***	P04	0.75***	IF05	0.92***	IF02	0.97***	IP03	0.95***
D03	0.63***	P05	0.79***	IF06	0.90***	IF03	0.93***	IP04	0.75***
D04	0.69***	P06	0.75***	IF07	0.85***	—	—	IP05	0.91***
D05	0.85***	P07	0.73***	IP08	0.82***	—	—	IP06	0.89***
D06	0.82***	—	—	—	—	—	—	IP07	0.71***
D07	0.78***	—	—	—	—	—	—	—	—
P03	0.82***	—	—	—	—	—	—	—	—

注：*表示显著水平为0.1，**表示显著水平为0.05，***表示显著水平为0.01。

公平感各维度间的相关系数见表6-6，结果显示相关系数为0.57~0.85，且显著度均达到0.01的显著水平。这说明潜变量间存在中等程度的相关，证明了恢复重建补偿政策公平感的聚合效度。其中，自上而下的信息公平与水平的信息公平的相关系数为0.59，小于分配公平和程序公平间的相关系数，说明自上而下的信息公平与水平的信息公平是可以显著相互区分、自成维度的。同时，测量变量的相关系数矩阵也显示，各系数t值均达到0.01的显著水平，表示这些系数的估计均具有统计意义；而各测量变量的误差变异量估计数与统计检验的结果则表明，以t检验进行鉴定均达到0.01显著水平，且未出现异常值。

这表示误差变异量均是有意义的统计量。综上所述，测量变量通过对基本适配指标的评价，结果表明模型是可接受的。

表6-6 公平感各维度间相关系数

维　　度	分配公平	程序公平	自上而下的信息公平	水平的信息公平
分配公平	—	—	—	—
程序公平	0.85***	—	—	—
自上而下的信息公平	0.67***	0.82***	—	—
水平的信息公平	0.69***	0.76***	0.59***	—
人际公平	0.72***	0.71***	0.72***	0.57***

注：* 表示显著水平为0.1，** 表示显著水平为0.05，*** 表示显著水平为0.01。

下一步，根据初试模型的参数修正指数（Modification Index，MI），对模型进行修正，MI是指若容许自由估计模型中原来的某个受限制的参数，模型因此改进后整个模型的卡方减少的数值（侯杰泰、温忠麟、成子娟，2004）。Amos20.0中默认的修正指数是大于4的，原则上结合拟合指数从修正指数大的开始调整，且每进行一次调整——删除项目或增加误差项间的共变关系，都要重新运行程序，一步一步进行调整，除了考虑数值的适合性外，还要对调整做出理论上合理的解释，一般情况下要保证每个维度的测量项目不少于3个。

整体模型的适配指标主要包括以下几个重要指标。

（1）卡方值（Minimum Fit Function Chi-square）。

卡方值越小，表示假设的理论模型与实际数据越适配，即不显著的卡方值表示假设模型与实际观察数据不一致的可能性较小。但卡方值受样本容量和自由度的影响较大，样本越大、模型越复杂，卡方值也变大，一般认为，当样本容量大于500时其显著性水平应该比0.05小。因此一些学者认为在实际评价中，卡方值用处不大。

（2）卡方自由度比。

顾名思义，卡方自由度比就是卡方值与自由度的比值，在社会科学研究中此值小于 5 都是可接受的，表示假设模型与样本数据的契合度可接受，但是和卡方值一样，它也易受到样本量的影响。

(3) RMSEA (Root Mean Square Error of Approximation)。

RMSEA 是一个重要的替代性指数，称为渐进残差均方和平方根，与其他拟合指标相比，不易受到样本量以及模型复杂度的影响，较为稳定，是目前大多数研究者使用的较为理想的适配指数，其值越小，表示模型适配度越佳，一般情况下，此值小于 0.08 表示模型可接受。

(4) CFI (Comparative-fit Index)。

和 RMSEA 一样，CFI 也是研究者常用来评价模型适配度的另一重要指标，它反映了假设模型和无任何共变关系的独立模型的差异程度，同时也是一个非中央性参数。其值越接近 1 越理想，表示越能够有效改善非集中程度，由于其的稳定性，所以备受研究者推崇。CFI 的适配标准为 0.90 以上。

(5) PNFI 和 PGFI。

这两个指数均为模型简约适配统计量，取值范围为 0~1，越大越好，作为假设模型适配度评价时，一般以大于 0.50 作为标准；作为不同模型比较时，差异在 0.6 到 0.9 间视为模型具有真实差异存在（黄芳铭，2005）。

(6) GFI 和 AGFI。

两者均具有标准化特性，值介于 0 到 1 之间，越接近 1 表示拟合越佳，一般大于 0.9 视为理想拟合度，研究早期使用较多，目前有学者指出 GFI 和 AGFI 对总体的渐进值估计是有偏差的。

在以上适配指标中，除了卡方值以及 GFI 和 AGFI 目前较少被研究者采用外，其他指标均常被采用，相互间难分优劣。一般认为，选择任一适配指标达到相关标准均可。

根据程序运行后得到的参数的修正指数（MI），同时考虑模型拟合指数以及上述原则，对初始模型的修正结果如图 6-1 所示。通过比较，没有必要对各维度与其测量项目的关系进行修正，因为结果显示

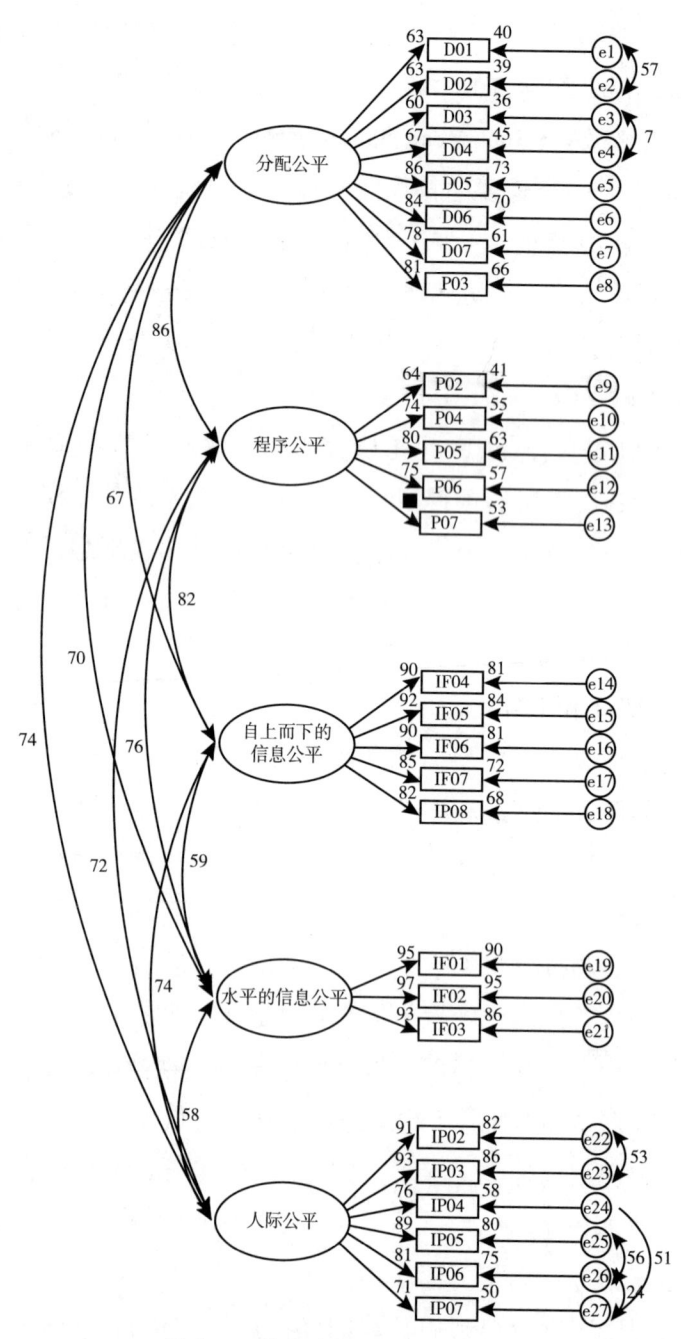

图 6-1 修正后的公平感模型五

说明：群组＝全体群体；模型＝模型5；卡方值＝1430.848（p＝0.000）；自由度＝398；RMSEA＝0.071，CFI＝0.941。

它们的关系是比较合理的,除了各测量变量与因素间关系的修正外,另一个修正途径是检验测量误差之间的相关性,排除与误差项无关的假设,这是模型修正时允许的,且在理论上可以对此修正做出合理的解释。

最大的 MI 值是误差项在 e25 与 e27 之间,若使这两者相关,卡方值约可降低 0.117,此时对卡方值改进最大,其他依次是误差项 e1 与 e2、e3 与 e4、e24 与 e27 及 e22 与 e23 之间,均有共变关系,即彼此相关,改变的卡方值分别是 0.395、0.241、0.264、0.102,这些改变均为正向改变。做出如上修正后,修正后模型估计结果的卡方自由度比 = 4.65 < 5,RMSEA = 0.07 < 0.08,CFI = 0.94 > 0.90,表示假设的理论模型与实际数据可以拟合,具体结果见表 6 - 7。

表 6 - 7　公平感模型的适配指标

卡方值	卡方自由度比	NFI	IFI	TLI	CFI	PGFI	PNFI	AGFI	RMSEA
143.08	4.65	0.93	0.94	0.93	0.94	0.83	0.81	0.84	0.07

e25 与 e26 对应的测量指标分别为 IP05 "发放恢复重建补偿的其他人对你以礼相待"和 IP06 "发放恢复重建补偿的其他人对你很尊重",两者同属于人际公平,都是询问受访者对除干部以外其他提供恢复重建补偿的人的人际对待方式的评价,有内部联系,设置共变关系后两者误差项的相关系数为 0.56,为正相关,且达到 0.01 的显著性水平;与此类似,e22 与 e23 同为人际公平维度中 IP02 "发放恢复重建补偿的干部对你以礼相待"与 IP03 "发放恢复重建补偿的干部对你很尊重"的误差项,与 IP05 和 IP06 的差别在于,两者都是评价提供恢复重建补偿的干部对受访者人际对待方式的问题,其对象和内容相同,故两者的误差项也相关;e24 与 e27 对应的项目分别是 IP04 "发放恢复重建补偿的干部会考虑你的需要"与 IP07 "发放恢复重建补偿的其他人会充分考虑你的需要",也都属于人际公平维度,询问

内容相同，只是对象不同，一个是干部，一个是其他人，所以两者误差项有其相关性。

误差项 e1 与 e2、e3 与 e4 对应的测量项目均属于分配公平的维度。e1 与 e2 分别是 D01 "和你周围的人相比，你得到恢复重建补偿是公平的"和 D02 "和其他受灾乡镇的人相比，你得到恢复重建补偿是公平的"的误差项，这两个指标均是直接询问分配结果是否公平的项目，只是参照人群不同，在内容结构上有其相关性；e3 与 e4 对应的测量项目分别为 D03 "你得到的恢复重建补偿是符合你需要的"和 D04 "在你们这里，恢复重建补偿主要考虑各家的受灾情况"，一个是按需分配，一个是按受灾情况分配，都是分配方式项目，其误差项有其内部联系。综上所述，对模型的修改符合理论意义。

（四）不同理论模型的比较与分析

要确定假设模型结构的合理性，仅从各维度之间的相关分析很难得到验证，比较理想的做法是通过不同模型的比较法对假设模型的区分效度做出评价。在本章中用作模型比较的模型有 5 个，分别命名为模型一、模型二、模型三、模型四、模型五。其中，模型五就是上面已进行验证性因素分析的公平感五维度模型。其他模型则依据组织公平感理论关于公平感维度的相关争论而设计。模型一——单因素模型：假设公平感仅具有单一维度。模型二——两维模型：假设公平感包括分配公平和程序公平两个维度。模型三——三维模型：假设公平感包括分配公平、程序公平和互动公平三个维度。模型四——四维模型：假设公平感包括分配公平、程序公平、信息公平以及人际公平四个维度。具体模型内容及其测量指标见表 6-8。

进一步使用 Amos20.0 比较 5 个模型，结果见表 6-9。结果显示，从模型一到模型五，各拟合指标逐步改进，但只有模型五的结果达到适配标准，视为最佳模型。需要指出的是，这 5 个模型之间的关系是层层嵌套的，模型二嵌套于模型一中，其卡方值改变量为 765.17，

第六章 公共政策公平感测量的进一步验证

卡方自由度比减少了2.30，达到0.01的显著水平，故两模型比较接受模型二；模型三嵌套于模型二中，其卡方值改变量为299.57，卡

表6-8 五个公平感模型的测量项目

模　型	维度	项目数(个)	测量项目
模型一	单一维度	27	D01 - D07
			IP02 - IP08
			P02 - P06
			IF01 - IF07
模型二	分配公平	8	D01 - D07
			P03
	程序公平	19	IP02 - IP08
			IF01 - IF07
			P02、P04 - P07
模型三	分配公平	8	D01 - D07
			P03
	程序公平	5	P02、P04 - P07
	互动公平	14	IP02 - IP08
			IF01 - IF07
模型四	分配公平	8	D01 - D07
			P03
	程序公平	5	P02、P04 - P07
	信息公平	8	IF01 - IF07
			IP08
	人际公平	6	IP02 - IP07
模型五	分配公平	8	D01 - D07
			P03
	程序公平	5	P02、P04 - P07
	自上而下的信息公平	5	IF04 - IF07
			IP08
	水平的信息公平	3	IF01 - IF03
	人际公平	6	IP02 - IP07

方自由度比减少了 0.81，达到 0.01 的显著水平，且各拟合指标皆得到改进，故两模型比较接受模型三；模型四与模型三也是一种嵌套模型，其卡方值改变量为 1505.17，卡方自由度比减少了 4.55，达到 0.01 的显著水平，且各拟合指标皆得到改进，故两模型比较接受模型四；模型五嵌套于模型四中，其卡方值改变量为 4515.94，卡方自由度比减少了 10，达到 0.01 的显著水平，且各拟合指标皆得到改进，故两模型比较接受模型五。综上所述，根据模型比较的结果，验证了公共政策公平感五维度模型的合理性，进一步说明将水平的信息公平和自上而下的信息公平分开更为合理，五维度模型的区分效度得到进一步验证。本章通过数据分析和统计分析验证了第五章的理论假设和探索性因素分析结论，确定了本书提出的公共政策公平感的结构，也进一步验证了第五章和本章使用的测量公共政策公平感的量表的有效性。

表 6-9　五个公平感模型多种适配指标比较

模型	卡方值	卡方自由度比	NFI	IFI	TLI	CFI	PGFI	PNFI	AGFI	RMSEA
模型一	7228.93	22.31	0.63	0.64	0.61	0.50	0.59	0.58	0.42	0.17
模型二	6463.76	20.01	0.67	0.68	0.65	0.68	0.62	0.61	0.47	0.16
模型三	6164.19	19.20	0.68	0.70	0.67	0.69	0.64	0.63	0.48	0.16
模型四	4659.02	14.65	0.76	0.77	0.75	0.77	0.70	0.69	0.59	0.14
模型五	143.08	4.65	0.93	0.94	0.93	0.94	0.83	0.81	0.84	0.07

（五）信度分析

经过验证性因素分析后，还是有必要对量表中各维度与总体的信度进行检验和分析。信度就是量表的稳定性和可靠性，现在多采用的检验方法是 L. J. Cronbach 提出的 α 系数，本章使用 SPSS19.0 进行量表的信度检验，结果见表 6-10。一般认为，α 系数大于 0.70 视为可接受的值，其值介于 0.80 与 0.90 之间为非常好。根据这个标准，公平感测量问卷中的 5 个维度的 α 系数均大于 0.85, 证明测量问卷信度很好；对于各维度而言，其各测量项目的校正项总计相关系数介于 0.608 与 0.884 之间，表示每个项目与其余项目加总的一致性高，其中除了程序公平的 α 系数为 0.855 外，其他维度的 α 系数均达到 0.90 以上，水平的信息公平的内部一致性程度最高，而各维度中测量项目删除后的内部一致性系数高于该维度的 α 系数，这也证明各维度的内部一致性很好。信度分析的结果也表明，本章使用的恢复重建补偿政策公平感量表的所有项目具有良好的信度，其编制有效且合理。

表 6-10 公平感问卷的信度分析

项 目	内部一致性系数	校正的项目总计相关性	删除该题后的内部一致性系数
分配公平	**0.908**	—	—
D01	—	0.677	0.898
D02	—	0.662	0.899
D03	—	0.633	0.902
D04	—	0.663	0.899
D05	—	0.782	0.889
D06	—	0.742	0.892
D07	—	0.716	0.895
P03	—	0.758	0.891
程序公平	**0.855**	—	—
P02	—	0.608	0.841
P04	—	0.711	0.813
P05	—	0.643	0.831
P06	—	0.717	0.812
P07	—	0.667	0.825
自上而下的信息公平	**0.943**	—	—
IF04	—	0.874	0.925
IF05	—	0.878	0.925
IF06	—	0.865	0.927
IF07	—	0.827	0.934
IP08	—	0.790	0.940

续表

项　　目	内部一致性系数	校正的项目总计相关性	删除该题后的内部一致性系数
水平的信息公平	0.964	—	—
IF01	—	0.920	0.951
IF02	—	0.947	0.930
IF03	—	0.905	0.961
人际公平	0.944	—	—
IP02	—	0.871	0.929
IP03	—	0.884	0.925
IP04	—	0.685	0.941
IP05	—	0.856	0.928
IP06	—	0.851	0.929
IP07	—	0.674	0.944

四　小结

本章是第五章研究的继续。公平感的测量在组织领域已经发展得较为成熟，公共政策公平感虽然与组织公平感的内在结构不同，但是反映了类似的人类心理思维结构特征，因此既然组织公平感可测量，那么公共政策公平感也完全可以得到有效测量。第五章通过结合组织公平感相关测量方法和测量项目与灾害救助政策公平感的理论框架，设计了一套灾害救助政策公平感测量问卷，并通过对玉树地震灾害救助政策公平感的实际测量，使用探索性因素分析的方法，修订完善了公平感问卷，也初步确认了所设计的公共政策公平感问卷的合理性和有效性。

从笔者的研究意图和对公共政策公平感学术研究的理论要求出发，显然不满足于仅完成对灾害救助政策公平感的测量，而期望得到一般性的公共政策公平感的测量量表。基于此，探索性因素分析是不够的。为了实现获得一般性公共政策公平感的测量量表的目的，本章进一步对笔者设计的公共政策公平感测量问卷进行了验证性因素分析。首先，将灾害救助政策公平感的测量问卷修改为恢复重建补偿政策公平感测量问卷。其次，对汶川地震恢复重建补偿政策公平感进行了实际测量。再次，利用此数据和探索性因素分析获得的五维度27项目模型，进行了验证性因素分析。验证性因素分析的结果验证了笔者建立的公共政策公平感的构念效度。同时，对汶川地震恢复重建补偿政策公平感测量数据的其他分析，也显示了这套公共政策公平感量表具有良好的项目区分度和良好的内部一致性信度。

因此，笔者认为，在中国，公共政策公平感与组织公平感的结构有所不同，由分配公平、程序公平、自上而下的信息公平、水平的信息公平以及人际公平五个维度构成，其中自上而下的信息公平和水平的信息公平从理论上和实证测量数据的统计分析结果上都表明可以彼此分离、独立成为维度。

本章还比较了借鉴组织公平感理论设计的4个作为参照的假设模型和第五章通过探索性因素分析提出的理论假设模型。经过对5个模型拟合度的比较分析，最终接受由分配公平、程序公平、自上而下的信息公平、水平的信息公平和人际公平构成的五维度模型是最好和唯一有效的模型。这进一步验证了笔者的理论假设，证明了五维度结构的构念效度。可以认为，笔者提出的五维度27项目测量框架可以作为公共政策公平感的有效测量量表。

第七章

灾害救助政策公平感对灾区群众的影响

第五章和第六章基本解决了公共政策公平感的测量问题。从灾害救助政策绩效评估的角度，解决了政策受众主观评估的核心测量工具问题。

从政府绩效评估的前沿看，以公众为中心是理论和实践领域共同的发展趋势，其中又以公众的主观测量指标备受重视。基于此，有效测量公共政策公平感对于政府绩效评估的理论和实践均具有重要意义。从公共政策评估的前沿看，政策受众的主观感受也是评估的发展方向，而这种主观感受中最重要、最突出和最集中的是政策受众通过亲身经历感受到的政策公平与否。因此，有效测量公共政策公平感对公共政策评估的理论和实践有重要意义。

然而，无论政府绩效评估还是公共政策评估领域之所以会出现这种重视公众和政策受众主观感受的理论和实践倾向，一定程度上依然来自实用性或工具性目的。无论在当代公共治理领域，还是在公共政策领域，实践中越来越发现以往被视为被动接受者的公众和政策受众具有极高的主动性。如果缺乏公众的有效参与，将直接威胁到公共治理的有效实现，而政策受众的主动行为，可能直接导致政策目标的偏移或失败。

第七章 灾害救助政策公平感对灾区群众的影响

基于此，公共政策公平感的重要性不仅源于它是一种政策受众最普遍和直接的对政策的主观评价，更在于它会对政策受众的其他态度和行为产生重要影响，并成为预测政策受众其他态度和行为的重要变量。本章将利用第六章对灾害救助政策公平感的测量结果，讨论灾害救助政策公平感对灾区群众相关态度和行为的影响。

一 灾区群众公平感效果变量的初步讨论

在第四章中，笔者介绍了组织公平的效果变量及其作用机制，这是组织公平感理论中组织成员公平感对其行为影响的理论框架。组织公平感理论对于组织成员的各类行为研究很深入，而相比而言，对于政策受众行为的研究则还比较薄弱。豪利特和拉米什总结政策受众通过自身掌握的政治与经济资源来影响政策的执行，主要影响方式包括：受到政策影响的强大的群体可以通过支持或反对来使公共政策的执行符合自己的意志；对一项公共政策的公共支持也影响其执行；政策受众可能与执行机构对公共政策具有不同的解释，从而影响执行，并制约执行（Howlett & Ramesh, 2003）。但这一分析过于宏观，还不能有效确定政策受众针对政策的具体行为。Colquitt（2001）建议选择公平感的效果变量时一般遵循三个原则。第一，效果变量必须和研究背景相关，在本章的研究中就是要和灾害救助政策直接相关。第二，效果变量必须代表大量已有的研究结果，因为对一个构念的法则关系而言，如果没有包含已有研究的效果变量是不可能充分证明其有效性的。第四章归纳了三类影响的多种行为，分别为好的影响，包括满意度、组织承诺、权威评价、信任和服从五种行为；坏的影响，包括离职和旷工两种行为；令人厌恶的影响，主要包括针对组织的反生产行为和针对个人的反生产行为。虽然这些行为是来自组织公平感方面的研究，但也可以借鉴用来研究灾民的行为。第三，有必要引入新的效果变量。一方面，好的研究的贡献依赖于它发展理论的能力，展现还没有出现的发现，以及填补现有知识的缺陷。本章研究本身是对政策受众行为的创新探索，所以我们所讨论的灾民的行为具有创新性。另一方面，这一要求也意味着在选择公平感的效果变量时应有针对性地选择公共政策最重要的问题。比较而言，最令公共政策研究者和实践者感兴趣的显然是政策受众支持或反对政策执行的行为。

根据以上分析，笔者选择了七类10个效果变量。

1. 满意度

满意度属于一种主观态度，而不是员工或政策受众的客观行为。但满意度是组织公平感研究中非常重要的效果变量，所以我们也把满意度作为本章研究政策受众受公平感影响的重要变量。从心理结构来看，满意度对行为的影响比公平感更进一步，因此满意度可视为介于公平感和行为之间的中间变量。在组织公平感理论中，把满意度分为工作满意度和结果满意度。而在消费者满意度或项目满意度评估中，满意度除了针对过程和结果外，还包括针对生产者或服务者。在对政府绩效满意度的研究中，也多把满意度分解为对政府部门、服务过程和服务结果的满意度三部分。因此我们在问卷中也设计了3个项目，分别代表结果满意度："你对发给你的救灾钱物是满意的吗？"过程满意度："你对救灾钱物发放的过程是满意的吗？"政策执行者（干部）满意度："你对参与救灾钱物发放的干部是满意的吗？"。

在组织公平感研究中，一般认为分配公平是对结果满意度更好的预测源，而对于工作满意度，程序公平与工作满意度有更高的相关性，并且与程序公平相比，互动公平是工作满意度更强的预测源。从灾害救助政策公平感理论分析来看，我们预测分配公平是结果满意度的主要预测源，程序公平是过程满意度的主要预测源，而人际公平是政策执行者满意度的主要预测源。

2. 服从

服从是组织公平感研究中非常重要的效果变量，因为这是保障组织有效管理的基础要素。政策受众的服从对于公共政策而言同样重要，也是保障公共政策有效执行的基础要素。政策受众的服从主要表现为对政策内容或政策条文的服从。因此，我们在问卷中设计的表述为："你会按照救灾钱物发放的规定来领取钱物。"

在组织公平感研究中，一般认为程序公平对服从有更大的影响，而分配公平也是影响员工服从的重要因素。基于此分析，在公共政策公平感中，程序公平可能对服从有最重要的影响。但根据前文对灾害救助政策公平感的理论分析，分配公平中也包含分配方式的内容，这些内容在组织公平感理论中更多被归入程序公平，因此灾害救助政策的分配公平可能对灾区群众的服从有更大的影响。而从公共政策一般理论分析，政策内容本身的公平性和合理性应直接影响政策受众的服从，这也属于分配方式的范畴。

3. 权威评价

权威评价也是组织公平感研究中非常重要的效果变量。组织的管理结构决定了总是存在管理者和一般员工的区别，而管理者和一般员工的关系对管理效果有重要影响。权威评价是衡量管理者和一般员工关系的核心指标。对于公共政策而言，权威评价更是决定政策能否有效执行的关键因素。政策执行者和政策受众之间并不存在直接的管理和被管理、领导和被领导关系，政策受众接受某项政策很大程度上首先来自对政策权威性的认可。因此政策受众的权威评价一定程度上直接与接受或是抗拒政策相关联。我们在问卷中设计的表述为："你认为参与救灾钱物发放的干部都是不错的人。"

在组织公平感研究中，有的研究认为程序公平与权威评价的关系强于分配公平与其的关系。另一些研究认为人际公平和信息公平与员工比照一般意义上的管理人员而对自己上司做出的评价影响更大。从灾害救助政策公平感的理论分析来看，我们预测人际公平是权威评价更重要的预测源。

4. 信任

信任既是一种非常重要的态度，也是一种重要的行为。社会科学中关于信任的研究已经较为深入，而组织公平感理论中主要关注组织员工对于组织中决策者或权威的信任。对于公共政策而言，政策受众的信任主要指对政策执行者的信任。显然政策受众对政策执行者信任越强，政策执行得就会越顺利。对于信任的测量多为比较直接的测量方式，但在中国的背景下，直接询问灾区群众是否信任执行政策的干部，得到结果的准确性往往不高。因此，我们采取较为间接的方式，在问卷中设计的表述为："你可以没有顾虑地和发放钱物的干部谈你的困难。"

在组织公平感研究中，一些研究者认为信任与程序公平的关系强于与分配公平的关系，而由于信任往往对应于特定的对象，所以也有许多研究者认为人际公平和信息公平对信任的预测强于程序公平。从灾害救助政策公平感的理论分析看，我们预测自上而下的信息公平和人际公平是信任更主要的预测源。

5. 公民行为

在组织公平感的效果变量研究中，最为重要的一类变量是组织公民行为（Organizational Citizenship Behaviours，OCB）。组织公民行为一般指有益于组织，但在组织正式的薪酬体系中尚未得到明确或直接确认的行为。组织行为学研究非常重视组织公民行为，因为组织公民行为对于组织绩效的提升非常重要。组织公民行为实际包括非常广泛的员工行为，目前组织公民理论中较受广泛认可的分类是把OCB分为七个维度：助人行为（Helping Behavior）、运动家道德（Sportsmanship）、组织忠诚（Organizational Loyalty）、组织遵从（Organizational Compliance）、个人首创性（Individual Initiative）、公民道德（Civicvirture）和自我发展（Selfdevelopment）（Podsakoff, MacKenzie, Paine & Bachrach, 2000）。在组织公平感研究中，较早就认识到组织公平感对员工的组织公民行为有比如工作满意度等主观感受更大的影响（Organ，1988）。组织公民行为很容易扩展为一般性的公民行为，即日常生活中，非基于直接利益的有益于社会的行为。显然公共政策的公平感也可能会激励政策受众的一般性公民行为。在有关组织公平感和组织公民行为的实证研究中，考察组织公民行为的类别非常多。与灾害救助公共政策的背景相结合，我们选取了两种公民行为，在问卷设计中分别表述为："在救灾和重建中，你会帮助你周围的人"，显然助人行为是非常重要的公民行为；"你积极工作重建家园"，这是一种应对灾害的良性反馈，也是重要的公民行为。

在组织公平感研究中，一般认为程序公平更多地影响针对组织的组织公民行为，而交互公平更多地影响针对个人的组织公民行为。从灾害救助政策公平感的理论分析看，我们预测程序公平更多地影响灾民积极重建行为，而人际公平和信息公平更多影响助人行为。

6. 组织承诺

在组织行为学研究中，组织承诺是指个体对组织为自己的工作做出的一种全面的、系统的反应。组织承诺更多体现一种在感情认同基础上的责任或义务的自我要求。换言之，就是个体会因为对组织的感情认同而做出超出组织对个体要求的行为。相应的，个体对于国家及其权威亦会有类似的责任或义务的自我要求，表现为因为对国家的感情认同而认为自己对国家发展和公共政策顺利执行负有主体性的责任和义务，这种责任超出一般的遵守政策要求，而表现为主动参与帮助完善公共政策。显然这种主动行为最基础的表现就是提出改进政策的意见和建议。为了便于比较，我们沿用"组织承诺"这一名称来概括此类行为。由于国家权威具有一定的模糊性，在实际生活中，人们更多将国家权威转移到代表国家或政府行动的公务人员身上，所以在中国，"组织承诺"更多表现为对执行公共政策的干部的责任和义务。因此，在问卷设计中我们选择的对组织承诺行为的表述为："你会向干部提出有关救灾和重建的意见。"

在组织公平感研究中，一些研究认为分配公平比程序公平对个体的组织承诺的支持更强，另一些研究认为程序公平比互动公平对组织认同的预测更强。从灾害救助政策公平感的理论分析看，我们预测程序公平对灾民向干部提意见行为有更强的预测。

7. 反生产行为

从实用或工具主义的角度看，反生产行为可能比好的影响更值得研究。在组织公平感研究中，反生产行为包括针对物的（如破坏公物或浪费材料）和针对同事的（如身体和言语侮辱等）。对于公共政策，显然同样存在这样的反生产行为，如破坏公物或争执、打架等，并且同样更受到政策决策者和执行者的关注。在中国当前的公共政策环境中，更令政策决策者和执行者厌恶的行为还包括上访，特别是反复和越级上访。显然，对于公共政策而言，对政策受众反生产行为的测量存在一定的困难，并且如上访等行为的发生率也较低。因此，在问卷设计中我们选择了可能较为普遍的一类行为——争执，并采用一种反向的表述，具体为"在救灾钱物发放过程中你没有和你周围的人发生争执"。

在组织公平感研究中，一般认为分配公平与针对个人的反生产行为显著相关，信息公平和人际公平与针对个人和组织的反生产行为皆相关，而程序的不公平与针对组织的反生产行为显著相关。从灾害救助政策公平感的理论分析看，我们预测程序公平和自上而下的信息公平更多地影响灾区群众在接受灾害救助中的争执行为。

二 数据来源与描述性统计分析

本章使用第六章中使用的玉树地震灾区入户调查问卷数据。该数据不仅进行了灾区群众对灾害救助政策公平感的测量，也测量了七类10个效果变量。数据的基本情况和灾害救助政策公平感的测量结果参见第六章。效果变量的测量也采用李克特（Likert）五分量表法，最大值（完全同意）为5分，最小值（完全不同意）为1分。

七类10个效果变量测量的基本情况见表7-1。

表7-1 受访者公平感效果变量描述统计（N=508）

类型	项目	缺失值	均值	标准差
满意度	你对发给你的救灾钱物是满意的吗？	1	3.21	0.973
	你对救灾钱物发放的过程是满意的吗？	1	2.90	0.932
	你对参与救灾钱物发放的干部是满意的吗？	2	2.81	1.018
服从	你会按照救灾钱物发放的规定来领取钱物	2	3.54	1.045
权威评价	你认为参与救灾钱物发放的干部都是不错的人	0	3.08	0.930
信任	你可以没有顾虑地和发放钱物的干部谈你的困难	3	2.61	1.006
公民行为	你积极工作重建家园	0	3.60	1.152
	在救灾和重建中,你会帮助你周围的人	0	3.61	1.083
组织承诺	你会向干部提出有关救灾和重建的意见	1	2.75	0.982
反生产行为	在救灾钱物发放过程中你没有和你周围的人发生争执(逆反转换)	1	2.69	1.306

从表7-1可见，10个效果变量的均值范围为2.61~3.61，标准差均在1附近，正态性检验的结果也显示效果变量基本符合正态分布，可以进行线性回归等分析。整体看，所有效果变量的缺失值均很小，占总体比重低于0.5%，所以本研究采用均值代替缺失值进行分析。

从各个效果变量均值来看，"公民行为"的两个测量变量均值最高，超过3.6，其次是"服从"，均值为3.54，这显示灾区群众总体上对灾害救助政策的反应是接受和认同的。而"权威评价"的均值是3.08，显然对政策执行者的认同度要比对政策本身的认同度低不少。而"信任"的均值仅有2.61，显示灾区群众对干部的信任度非常低。"组织承诺"也较低，向干部提意见的均值仅有2.75，低于

3。满意度中,结果满意度最高,而过程满意度和干部满意度依次降低,并且均小于3,这与灾区群众对政策本身认同高于对政策执行者认同是一致的。对于反生产行为,因为项目测量的实际为无争执行为,为了便于叙述,我们将无争执变量进行逆反转换,即原得分5的赋值为1,原得分4的赋值为2,原得分2的赋值为4,原得分1的赋值为5,然后视新变量为争执行为变量。争执行为的均值为2.69,虽然小于3,但考虑到争执行为的特殊性,可以说发生争执的情况还是很普遍的,并且其标准差不仅是所有效果变量中最大的,而且比其他的要大很多,说明灾害救助政策在执行过程中,群众的争执行为差异性很大。这说明我们选择争执的这个角度和反向测量的测量策略还是较为成功的。以上这些效果变量的测量结果基本均在研究者预料之内。

公平感各维度为维度项目的均值[①],总的公平感采用五个维度公平感的均值。表7-2列出了公平感各维度的基本情况。

表7-2 受访者公平感各维度描述统计(N=508)

公平感维度	均值	标准差	公平感维度	均值	标准差
分配公平	2.92	0.605	水平的信息公平	2.89	0.916
程序公平	2.63	0.731	人际公平	2.86	0.887
自上而下的信息公平	2.63	0.997	总的公平感	2.79	0.656

从表7-2可见,总体而言,灾区群众公平感较低,低于3,各维度相比较,公平感最高为分配公平,为2.92,最低为程序公平和自上而下的信息公平,均为2.63。这一结果与第五章中汶川地震灾区入户调查间接测量结果比较相近,也基本符合理论分析预期。

为了下一步分析的便利,本研究进一步分析了10个效果变量间的相关关系,结果见表7-3。

---

① 各项目缺失值使用项目均值代替,参见第六章。

第七章 灾害救助政策公平感对灾区群众的影响

表7-3 效果变量相关分析结果（N=508）

变量	结果满意度	过程满意度	干部满意度	服从	权威评价	信任	积极重建	助人	提意见
结果满意度	—								
过程满意度	0.502***	—							
干部满意度	0.525***	0.566***	—						
服从	0.312***	0.327***	0.319***	—					
权威评价	0.193***	0.324***	0.311***	0.324***	—				
信任	0.255***	0.091*	0.187***	0.044	0.115***	—			
积极重建	0.214***	0.256***	0.169***	0.431***	0.109**	0.167***	—		
助人	0.258***	0.313***	0.225***	0.440***	0.169***	0.063	0.602***	—	
提意见	0.024	0.133***	0.062	0.280***	0.115***	0.195***	0.340***	0.331***	—
争执	-.172***	-0.056	-0.106**	-.060	-0.057	0.006	0.161***	0.045	0.182***

注：* 表示显著水平为0.1，** 表示显著水平为0.05，*** 表示显著水平为0.01。

从表7-3可见，大部分效果变量间存在显著的相关关系，但相关系数均较小。最大的相关系数在三个满意度之间。这说明笔者选择的效果变量及测量项目比较恰当。比较有趣的关系是：一，信任和服从、信任和助人间无相关关系；二，提意见与结果满意度、提建议与干部满意度之间无相关关系；三，争执与过程满意度、服从、权威评价、信任以及助人多个变量无相关关系，与结果满意度和干部满意度是负相关关系。

本研究对五个公平感维度间也进行了相关分析，结果见表7-4。

表7-4 公平感维度间相关分析结果（N=508）

变量	分配公平	程序公平	自上而下的信息公平	水平的信息公平
分配公平	—			
程序公平	0.505 ***	—		
自上而下的信息公平	0.332 ***	0.579 ***	—	
水平的信息公平	0.462 ***	0.538 ***	0.523 ***	—
人际公平	0.524 ***	0.530 ***	0.670 ***	0.575 ***

注：* 表示显著水平为0.1，** 表示显著水平为0.05，*** 表示显著水平为0.01。

从表7-4可见，五个公平感维度间均存在显著的相关关系，但相关系数也不大，最大的仅为0.670。这说明五个公平感维度间存在显著的关联性，但又相互独立，不能取代。

进一步分析10个效果变量与五个公平感维度间的相关关系，结果见表7-5。

从表7-5可见，所有效果变量都与公平感的某些维度显著相关，这说明我们选择的效果变量比较合适，并且部分效果变量仅与某些公平感维度显著相关，说明不同公平感维度对灾区群众的影响确实有差异。

表7-5 效果变量与公平感维度间相关分析结果（N=508）

变　量	分配公平	程序公平	自上而下的信息公平	水平的信息公平	人际公平
结果满意度	0.544***	0.004	0.035	0.246***	0.312***
过程满意度	0.516***	0.193***	0.202***	0.344***	0.404***
干部满意度	0.537***	0.192***	0.220***	0.259***	0.389***
服　　从	0.322***	0.195***	0.273***	0.360***	0.399***
权威评价	0.462***	0.404***	0.405***	0.334***	0.422***
信　　任	0.321***	0.109***	0.010	0.142***	0.088**
积极重建	0.227***	0.087**	0.096**	0.276***	0.273***
助　　人	0.208***	0.041	0.082*	0.204***	0.299***
提　意　见	0.118***	0.218***	0.331***	0.265***	0.283***
争　　执	-0.111**	-0.010**	0.029	-0.005	-0.117***

注：*表示显著水平为0.1，**表示显著水平为0.05，***表示显著水平为0.01。

三　多元线性回归分析

相关分析的结果只能说明变量之间有相关关系，无法验证变量间更复杂的关系，更无法讨论因果联系。为了进一步讨论不同公平感维度对各个效果变量的影响，有必要用回归的方法做更深入的研究和讨论。

因为效果变量和公平感维度均采用李克特（Likert）五分量表法测量，效果变量和公平感维度皆可视为连续变量且服从正态分布，故我们采用了类似研究中最常见的多元线性回归（Linear regression）方法进行分析。

1. 变量选择

根据本章研究主题，因变量就是前文讨论的七类10个效果变量。本章主要研究的自变量是五个公平感维度。此外，控制变量主要使用了被访者人口学变量、震前家庭社会经济状况、地震受损情况和灾后救助情况等变量。控制变量具体见表7-6。

表7-6 公平感对效果变量影响的控制变量（N=508）

控制变量		赋值	说明	比例(%)	均值	标准差
人口学变量	性别	0	男	62.99	—	—
		1	女	37.01	—	—
	年龄分组	0	<30岁（参照组）	25.00	—	—
		1	30~50岁	54.33	—	—
		1	>50岁	20.67	—	—
	受教育程度	0	文盲	56.66	—	—
		1	非文盲	43.34	—	—
	民族	0	其他民族	6.89	—	—
		1	藏族	93.11	—	—
震前家庭社会经济状况	灾前自评家庭经济状况	0	中等	44.18	—	—
		1	上等及中上	5.70	—	—
		1	中下及下等	50.10	—	—
	户口所在地	0	外地	18.11	—	—
		1	本地	81.89	—	—
	户口类型	0	非农业	25.39	—	—
		1	农业	74.61	—	—
	上年年纯收入（万元）	—	—	—	2.44	3.08
	上年人均纯收入（万元）	—	—	—	0.70	1.02
地震受损情况	预计重建房花费（万元）	—	—	—	32.33	199.34
	房屋受损情况	0	部分受损或未受损（参照组）	10.63	—	—
		1	大部分损坏	33.07		
		1	完全损坏	56.30		
	总经济损失额（万元）	—	—	—	15.77	23.51
灾后救助情况	救灾款总金额（万元）	—	—	—	0.48	0.54

多元线性回归结果见表7-7。根据研究目的，回归结果采用标准化的Beta系数，并省略截距。考虑到公平维度间相关性，采用VIF来诊断可能存在的多重共线性问题。从结果看，VIF最大值为2.91，五个公平感维度中，VIF最大值为2.45，可以忽略多重共线性问题。下面将分别讨论七类效果变量回归分析的结果。

2. 满意度

表7-7中模型一、模型二和模型三分别对3个满意度变量进行了多元回归分析。下面分别对结果满意度、过程满意度和干部满意度的多元回归分析结果进行讨论。

（1）结果满意度。

结果满意度反映了灾民对于接收到灾害救助的实际结果的满意程度。显然，接收到的灾害救助钱物越多，就会越满意，相应的，分配公平应是结果满意度的主要预测源。

从模型一回归结果看，控制变量除了户籍所在地以外都不显著，这符合预期，也侧面说明了我们对结果满意度测量的准确有效性。户口所在地正向显著，表明和外地人相比，本地人对结果的满意度较高。这一结果与笔者在玉树地震震区实地调查的情况相符。其原因是玉树地震灾害救助政策在执行中存在本地户籍和外地户籍间的差异。地震发生后，执行灾害救助政策的当地干部考虑到对在玉树的外地人的信息掌握不全，加上灾情紧急、救灾钱物有限，所以在震后最初一段时间内没有向外地人发放救灾钱物，或限定只有本地户籍人员才能获得灾害救助。当然，随着灾害政策的进一步执行，这种政策歧视很快被发现存在问题并进行了一定的调整，向地震时在玉树的外地户籍人员也提供了一定的灾害救助。

在本研究主要关注的公平感各维度中，五个维度变量均显著，分配公平、水平的信息公平和人际公平系数为正，程序公平和自上而下的信息公平系数为负。其中分配公平的系数最大，为0.548，说明它对结果满意度的影响最大，是最主要的预测源，这与理论预测结果一

表7-7 公平感对效果变量影响的多元回归分析结果（N=508）

自变量	模型一 结果满意度	模型二 过程满意度	模型三 干部满意度	模型四 服从	模型五 权威评价	模型六 信任	模型七 积极重建	模型八 助人	模型九 提意见	模型十 争执	VIF
灾后救助政策公平感	—	—	—	—	—	—	—	—	—	—	—
分配公平	0.548***	0.375***	0.491***	0.156***	0.304***	0.369***	0.109**	0.078	-0.093*	-0.054	1.67
程序公平	-0.318**	-0.173	-0.170	-0.151***	0.095*	-0.030	-0.155***	-0.170***	-0.007	-0.164***	1.88
自上而下的信息公平	-0.200***	-0.054	0.015	0.037	0.200***	-0.082	-0.124*	-0.122*	0.245***	0.253***	2.38
水平的信息公平	0.098*	0.138*	0.014	0.242***	0.016	0.051	0.213***	0.121**	0.136**	0.038	1.88
人际公平	0.261***	0.250**	0.191***	0.212***	0.055	-0.067	0.294***	0.367***	0.087	-0.195***	2.45
控制变量	—	—	—	—	—	—	—	—	—	—	—
性别（男=1 女=0）	-0.053	-0.036	-0.041	-0.043	-0.037	0.086*	-0.048	-0.038	-0.011	0.004	1.04
年龄分组（参照组：≤30岁）	—	—	—	—	—	—	—	—	—	—	—
30岁<年龄≤50岁	0.039	0.057	-0.011	-0.100**	-0.054	0.025	0.048	-0.035	0.006	-0.027	1.56
年龄>50岁	-0.001	0.033	-0.072	-0.072	0.005	-0.003	0.022	0.029	0.009	0.030	1.53
民族（藏族=1 其他民族=0）	-0.047	-0.047	0.006	0.039	0.012	-0.030	0.023	0.014	0.013	0.040	1.24
受教育程度（文盲=1 非文盲=0）	-0.006	0.026	0.015	-0.026	-0.074	-0.062	0.072	0.054	0.036	-0.019	1.74
户口所在地（本地=1 外地=0）	0.118***	0.165**	0.154***	0.099**	0.055	-0.105**	-0.076	0.060	0.022	-0.094*	1.23
户口类型（农业=1 非农业=0）	-0.047	0.029	-0.005	-0.171***	-0.032	-0.175***	0.034	-0.042	-0.112**	0.058	1.58

续表

自变量	模型一 结果满意度	模型二 过程满意度	模型三 干部满意度	模型四 服从	模型五 权威评价	模型六 信任	模型七 积极重建	模型八 助人	模型九 提意见	模型十 争执	VIF
人均纯收入(万元)	-0.028	0.031	0.088**	0.080*	0.015	0.000	0.106**	0.100**	0.106**	0.107**	1.28
灾前自评家庭经济状况(参照组:中等)	—	—	—	—	—	—	—	—	—	—	—
上等及中上	0.025	-0.026	-0.055	-0.104**	-0.013	-0.016	0.019	0.003	-0.120**	0.046	1.19
中下及下等	0.016	0.037	0.068	0.018	-0.077*	-0.039	-0.010	0.045	-0.003	-0.044	1.33
预计重建房花费(万元)	0.057	0.012	0.048	0.033	0.031	0.062	-0.055	-0.009	-0.062	-0.041	1.47
房屋损坏情况(参照组:部分受损或未受损)	—	—	—	—	—	—	—	—	—	—	—
完全损坏	-0.001	-0.078	-0.043	-0.121*	-0.022	0.162**	-0.175**	-0.185**	-0.073	0.067	2.91
大部分损坏	-0.036	-0.079	-0.069	-0.201***	0.034	0.056	-0.084	-0.145**	-0.097	0.210***	2.88
总经济损失额(万元)	-0.017	0.023	0.003	-0.100**	-0.030	-0.134***	0.049	-0.021	-0.047	0.002	1.40
救灾款总额(万元)	0.064	0.023	-0.036	0.023	-0.008	0.066	-0.085*	-0.059	0.053	0.005	1.06
F	18.09***	12.14***	13.76***	9.82***	9.61***	4.69***	4.88***	5.45***	4.53***	3.05***	—
R^2	0.446	0.350	0.379	0.304	0.299	0.173	0.178	0.195	0.168	0.119	—
调整 R^2	0.421	0.322	0.352	0.273	0.268	0.136	0.142	0.159	0.131	0.080	—
DW	2.080	1.847	2.004	1.891	1.991	1.769	1.893	1.882	1.778	1.835	—

注:* 表示显著水平为0.1,** 表示显著水平为0.05,*** 表示显著水平为0.01。

致。人际公平的系数也较大，为 0.261，说明虽然结果满意度主要受分配公平影响，但在政策执行中，干部和灾区群众间良好的人际互动也会有效加强灾区群众对灾害救助的正面理解。水平的信息公平虽然也是正向显著，但是系数很小，对结果满意度影响很有限。程序公平和自上而下的信息公平系数均为负值，显示灾区群众更多参与到救助款物分配中和干部执行救助政策时向灾民提供更详尽的政策信息反而会降低灾区群众的结果满意度。

（2）过程满意度。

过程满意度也是和满意度相关的态度效果变量，一般认为程序公平是其最重要的预测源，人际公平也会影响过程满意度。

从模型二的回归结果看，控制变量中只有户口所在地是显著的，并且系数为正。其原因与模型一类似。

在各个公平感维度中，分配公平、程序公平、水平的信息公平和人际公平四个维度变量均显著。其中分配公平的系数是 0.375，最大且为正，说明它是过程满意度最有力的预测源，人际公平次之。这一结果与组织公平感程序满意度研究的结论不同。这是因为，在第五章和第六章均讨论了，在灾害救助政策的分配公平中不仅包含了分配结果，还包括了分配方式，即分配本身所体现出的对政策价值的选择。这与组织公平感理论有所不同，相应的测量内容也有所差异，一些在组织公平感研究中作为程序公平的测量项目，因在灾害救助政策公平感测量中更符合分配方式的测量内容，被纳入分配公平的测量项目中。此外，水平的信息公平也是正向显著的，并且系数值也不是很小。这说明灾区群众对公共政策过程的理解非常宽泛，既包括政策价值的选择，也包括政策执行者与政策受众的人际交互方式，还包括政策信息是否通过大众传媒等方式向政策受众进行有效传播等。而程序公平虽然是显著的，但是负向，系数绝对值排第三位。这是因为当灾区群众程序公平感较高时，对政策过程要求也会较高，从而造成较低的过程满意度评价。

(3) 干部满意度。

干部满意度也是满意度的重要内容,其对象是灾害救助政策最直接的执行者——干部。

从模型三的回归结果看,在控制变量中,户口所在地是显著的,并且系数为正,其原因与其他满意度相同,是灾害救助政策对不同户口所在地人群差异所造成的。灾前人均纯收入也是正向显著,说明收入高的人群对执行救助政策的干部更满意,这也符合理论认知。

五个公平感维度中分配公平、程序公平和人际公平三个维度的回归系数达到了显著水平。其中分配公平的系数是 0.491,最大且为正,说明它是干部满意度最有力的预测源,人际公平次之,系数也为正且较大。人际公平对干部满意度的显著影响符合理论预期,而分配公平对干部满意度具有最大的影响,说明对干部的满意程度还是首先基于对救助结果的认可。程序公平是负向显著,系数绝对值也不算小,其原因与过程满意度中的分析类似。

3. 服从

服从体现的是政策受众无论政策是好还是坏,均会无条件地遵从。这可能体现出政策受众对待公共政策的一种态度,也可能是一种行为惯性。

从模型四的回归结果看,在控制变量中,有较多变量都是显著的。这说明某些人群确实会比其他人群对政策的服从性更强,如年纪轻的人、本地人、城市人以及收入较高的人群等。但是性别对服从性无影响。另外,地震中房屋受损轻和家庭经济损失低的人更愿意服从政策。这些结果与理论预期基本一致。

灾害救助政策公平感的各维度中分配公平、程序公平、水平的信息公平以及人际公平四个维度均是显著,其中程序公平系数为负,其他系数为正。这与理论预期有一定的差异,说明政策受众对公共政策的服从具有一定的综合性,更多受到对公共政策综合性的公平感受的影响,而不是某个维度的影响更重要一些。程序公平的系数为负,说明程序公平在公共政策所有公平感维度中具有一定的特殊性。这在一定程度上符合第五章对于程序公平的分析，也符合第六章将程度公平更多定位于灾区群众对救灾钱物发放程序的制定和执行参与方面。与之前对满意度的影响类似，灾区群众对政策执行参与越多，对程序公平评价就越高，但对政策本身要求也更高，反而导致对政策服从程度的降低。自上而下的信息公平不显著，说明灾区群众对政策本身的服从性并不太受到政策执行者对政策信息的宣传和解释的影响。

4. 权威评价

对权威的评价是政策受众对政策执行者的一种主观评价，这里专指正面评价。

从模型五的回归结果来看，在控制变量中，灾前自评家庭经济状况中下及下等组与中等组相比，回归系数为负且显著，但回归系数绝对值很小，说明如果政策受众自认为经济状况差会影响到对执行灾害救助政策干部的评价，但影响很小可忽略。

灾害救助政策公平感中分配公平、程序公平和自上而下的信息公平三个维度显著，并且系数均为正值，其中分配公平的系数值最大。这与理论预期不太相符。说明对权威的评价主要还是受获得救助的实际结果影响，分配公平是权威评价最主要的预测源。因为权威评价主要是针对干部，所以与干部能动行为关联更密切的程序公平和自上而下的信息公平对权威评价均有一定的正向影响。

5. 信任

在组织公平感理论中信任是在早期研究中就被关注的效果变量。一般有两个层次上的信任，一个是组织层面上的，一个是个人层面上的。本章主要考虑个人层面上的，即对执行救助政策干部的信任。

从模型六的回归结果来看，在控制变量中，外地人更信任干部，城市居民更信任干部。这与一些对信任实证研究的结果类似。另外，因灾房屋完全损坏组比部分或未受损组显著，且系数为正，说明房屋完全损坏的人对干部更信任。这可能更多反映一种期望，因为自身无法承担房屋完全损坏的损失，只能依赖于政府的帮助，所以更愿意信任干部。而总经济损失也是显著，且系数为负，说明总经济损失越多，对干部就越不信任。这可能反映出更普遍的灾区群众的心态。

灾害救助政策公平感各维度中只有分配公平是显著的，且回归系数为正。这与理论预期完全不符。这应与灾害救助政策的结构和当前群众对基层干部信任程度的背景相关。根据第五章的分析，灾害救助政策的结构是"需要—救助"关系，相对应的政策价值是需要原则。这一原则主要体现在分配公平中，在其他维度公平感与需要原则均不相关。而灾区群众只有比较确认灾害救助政策遵循需要原则后，才会对政策执行者有较高的信任，可以无顾虑地和干部谈自己的困难。因此，仅有分配公平对信任有影响，其他公平感维度对其无影响。同时，由于当前群众对于基层干部信任感普遍较差，所以只有实际救助结果才有可能增强群众的信任。

6. 公民行为

表7-7中模型七和模型八分别对两个公民行为变量进行了多元回归分析。公民行为关注的是政策受众超越特定公共政策范围的行为。这类行为虽然与特定公共政策的顺利执行没有直接关联，但它不仅对于完成该项政策的目标有重要意义，而且对增进一般性的公共利益和维护普遍性的公共政策秩序亦有重要影响。

下面分别对积极重建和助人行为的多元回归分析结果进行讨论。

（1）积极重建。

灾害救助政策的直接政策目标是解决灾区群众由于灾害对社会生活秩序的破坏而出现的临时性的基本需要难以满足的问题，但灾害救助政策同时还是灾害政策之下的一项具体政策，所以也是服务于灾害政策的整体政策目标，即帮助受灾地区和灾区群众减少因灾害造成的破坏，重建家园，恢复正常的社会秩序和生活。因此，灾害救助政策的实施同样也指向为灾区恢复重建服务。灾区的恢复重建需要得到各级政府的政策支持和帮助，但最终开展恢复重建工作的依靠力量还是灾区群众自身，因此是否能动员灾区群众积极投入恢复重建工作是灾害政策非常重要的任务。因此，灾区群众积极重建的行为就是非常值得重视的效果变量。

从模型七的回归结果看，在控制变量中，灾前的家庭人均纯收入显著且系数为正，说明收入较高的人对于重建的积极性也较高。这符合一般的理论预期。因灾房屋完全损坏组相比房屋部分受损或未损坏组也是显著，并且系数为负。这是因为对于绝大多数灾区群众而言，房屋是最重要的财产，完全损坏后的重建对于个人而言压力太大，很难承受，所以会影响重建积极性。反映受救助情况的救灾款总金额也显著，并且系数为负，说明得到过多政府救助的灾区群众，反而可能产生依赖心理，降低重建的积极性。

灾害救助政策公平感的所有维度均显著，其中分配公平、水平的信息公平和人际公平是正向的，程序公平和自上而下的信息公平是负向的，所有维度系数的绝对值均较高。这与理论预测不完全相符，各个维度系数相比，水平的信息公平和人际公平的影响更大一些，而分配公平的系数绝对值最小。这说明影响积极重建行为的也是综合性的公平感受，而非以某一维度公平感为主，并且相对而言灾区整体性的救助政策氛围，而非政府单方救灾努力或灾害救助钱物的多少，对灾区群众参与恢复重建工作的积极性影响更大。

（2）助人。

助人行为比积极重建行为更进一步，它不仅关注自己或家庭的恢复重建，还帮助周围其他人恢复重建，显然灾区群众相互间帮助比个体积极重建对于灾区恢复重建工作更具正向价值。

从模型八的回归结果看，在控制变量中，结果与模型七基本一致，这也说明助人行为和积极重建行为描述的是类似行为。

灾害救助政策公平感的各维度中程序公平、自上而下的信息公平、水平的信息公平以及人际公平四个维度均显著。其中人际公平的系数绝对值比其他维度的系数均大很多，且为正。这与理论预测一致，人际公平是助人行为最主要的预测源。分配公平不显著，说明灾区群众的互助行为不受到灾害救助款物多少的影响。程序公平和自上而下的信息公平系数均为负，其原因可能是当灾区群众认为政府实施的灾害救助政策的过程较为公平时，可以更多依赖政府，而不需群众间的互助。

从积极重建行为和助人行为来看，灾区群众的公民行为主要受到人际公平的影响。这与公民行为属于与灾害救助政策目标不直接相关的行为密切相关。

7. 组织承诺

组织承诺是政策受众对政策决策者和执行者更具主体性的一种行为，是政策受众只有真正将公共政策视为"自己"的政策才会采取的行动。本研究选择的提意见正是一种政策受众最为普遍，也是最为重要的组织承诺。只有灾区群众对救灾政策非常在意、非常重视，认为自己对救灾政策负有主体性的责任，才会主动向干部提出意见。

从模型九的回归结果看，在控制变量中，城市人有更多提意见的行为。灾区人均纯收入显著且系数为正，说明收入较高人群有更多提意见的行为。这两个结果符合一般的理论认知。但后者与灾前自评家庭经济状况的结果有些矛盾，可能的原因是灾前自评家庭经济状况测量效度存在一定问题。

灾害救助政策公平感的各维度中分配公平、自上而下的信息公平和水平的信息公平三个维度显著。其中，自上而下的信息公平系数是0.245，绝对值最大且为正。这说明当执行政策的干部能够更及时详尽地告诉灾区群众政策信息时，灾区群众更愿意向干部提意见。水平的信息公平系数显著并为正，其影响与自上而下的信息公平类似。这说明提意见行为主要受到执行政策的干部和灾区群众间互动公平的影响。换言之，当互动公平较高时，会提高灾区群众对灾害救助政策的认同感,进而主动向干部提意见。分配公平虽然显著,并且系数为负,但绝对值很小,说明灾区群众在实际获得救助款物公平时会较少提意见,但这种影响很小。这从侧面表明灾区群众对灾害救助政策的认同感并非直接来自所获得的救助款物。

8. 反生产行为

反生产行为同样存在多种类别,本研究选择了最普遍存在的争执行为,并采取了反向提问,即无争执行为,但在使用中将无争执行为变量进行逆转,视为争执行为。

从模型十的回归结果看,在控制变量中,户口所在地显著,且系数为负,说明外地人更容易出现争执行为,这与前文讨论的外地人享受救助政策待遇差异有关。人均纯收入显著,且系数为正,说明收入越高的人,越容易发生争执行为。房屋大部分损坏组比房屋部分受损或未受损组显著,且系数为正,而房屋完全损坏组不显著。这可能是因为房屋完全损坏或未受损的情况比较明确,不容易对损坏程度的判定出现争议,而房屋大部分损坏的情况比较复杂,容易因为对损坏程度的判定而出现争执。

灾害救助政策公平感的各维度中程序公平、自上而下的信息公平和人际公平这三个维度显著,三者中自上而下的信息公平的系数为正且绝对值最大,其他两个维度的系数为负,而分配公平和水平的信息公平不显著。这说明灾区群众因灾害救助而发生争执,主要是受到发放救助款物的程序或是否能参与程序制定、执行灾害救助政策的干部是否告知政策相关信息以及执行政策干部对待灾区群众是否足够尊重等因素的影响,程序越公平、干部对群众越尊重,就越不会出现争执行为。但是通过干部告知灾民政策信息反而会引发更多的争执行为,其原因可能与执行政策干部具有解释政策条文、把握政策执行尺度的自由裁量权有关。而争执行为基本与实际获得灾害救助款物的多少和大众传媒等其他渠道获得政策信息情况等因素无关。这一结果与理论预期基本一致。

9. 进一步讨论

总体比较七类 10 种行为,可以发现这些行为可归为三类。第一类,是与灾区群众对于灾害救助政策直接的、个体化的反应有关,包括对灾害救助政策的满意度、对执行政策干部的评价和信任等,分配公平是这些行为最主要的预测源。第二类,更多与灾区群众与灾害救助政策间接相关、更为社会化的反应有关,包括服从政策的执行、积极参加恢复重建工作和在救灾中帮助周围其他人等,人际公平和水平的信息公平是这些行为最主要的预测源,其中又以人际公平最为重要。第三类,更多是灾区群众与执行政策的干部相关的行为,包括向干部提意见和政策执行中出现争执等,自上而下的信息公平是这些行为最主要的预测源。如果和组织公平感理论中关于效果变量的三个模型进行比较,可认为对政策直接、个体化的反应更为符合分配优势模型,分配公平主要影响这类行为;与政策间接相关、社会化的行为更为符合代理—系统模型,人际公平和水平的信息公平是这类行为的主要预测源;与政策执行者互动的行为也符合代理—系统模型,但自上而下的信息公平是这类行为的主要预测源。另外,除了权威评价以外,程序公平对大部分效果变量的影响都是负向的,这说明程序公平具有很大的特殊性,需特殊对待。这也验证了第四章认为由于在中国政策过程中政策受众缺乏影响政策制定和决策过程的机会,程序公平有别于其他公平感维度的结论。

四 小结

本章讨论了灾害救助政策公平感对灾区群众其他态度和行为的影响。这部分研究非常重要,但还只是一个初步的探索。

研究公平感效果变量的重要性在于,第一,公平感作为一种评价公共政策绩效的指标,不仅需要做出公共政策好或不好的价值判断,还需要对如何改进公共政策做出贡献，因此分析公平感预测政策受众其他态度和行为的能力非常重要，特别是辨析出不同公平感维度对各类效果变量的不同影响。第二，政策公平感绝非一种基于价值理念而创造出的测量指标。公平感概念的提出和对公平感测量的需要都包含着实用性和工具性的目的，即公平感可用于预测和影响大量重要的效果变量。在组织公平感研究中是如此，在公共政策公平感研究中也是这样。第三，虽然公平感包含着追求公共政策公平性的价值观念，但公平感的实用性和工具性用途亦服务于另一种价值观，即追求有限投入下的最大政策效果。需要承认，由于存在资源的有限性，任何公共政策都无法满足所有政策受众的需要，相应的亦无法做到绝对的公平，那么公平感研究有助于做到一种相对不公平分配状态下，政策受众公平感的最大化，从而部分解决资源有限性与按需要分配间无法调和的矛盾。

然而研究公共政策公平感效果变量面临着不少困难。第一，效果变量种类很多，哪些效果变量更为重要，有待于相关研究的积累和深化。从组织公平感研究来看，受到研究者关注的效果变量有三大类上百种之多，其中最受重视的几个小类别，如组织公民行为，就又有近十类数十种。由此可见，由于个体行为的复杂性，在研究主观变量的效果变量时，存在研究越深入，所研究效果变量就越细致繁多的规律。公共政策公平感还处于研究起步的阶段，可参照比较的相关研究较少，在如何选择效果变量方面存在一定的困难。第二，由于公共政策公平感研究处于初级阶段，不同效果变量的测量项目发展得不够成熟，大多需要从头摸索。同时，与第一个困难相结合，研究者存在选择较多的效果变量，但对每个效果变量的测量较粗略，或选择较少的效果变量，但对每个效果变量的测量较深入，这样的两难选择。第三，灾区群众的公平感与行为之间的关系具有复杂性。这是所有对主观态度与行为间关系的研究所面临的共性问题。人行为的成因都是复杂的，因此对于行为的因果关系研究必须持谨慎的态度。公平感作为

第七章 灾害救助政策公平感对灾区群众的影响

一种灾区群众对灾害救助政策最为直接和重要的心理反应和态度，显然会影响到灾区群众对于灾害救助政策的各类行为以及救灾和重建等方面，但这种影响是否具有决定性或直接性的影响却难以判断。解决这一问题的关键还在于对效果变量的理论分析和选择。

基于以上困难，考虑到本书的主要内容是把公平感作为评估灾害救助政策的重要指标，而讨论灾害救助政策公平感对灾区群众行为的影响是次要主题，所以采取了探索性研究的策略。首先把灾害救助政策性质和灾区救灾和恢复重建工作背景作为选择效果变量的首要标准，强调通过理论选择效果变量。其次，选取相对重要，同时涉及面尽可能多的效果变量，而对每类变量的测量则较为粗略，大多只使用一个项目。这样的研究策略能够帮助我们先对公共政策公平感的效果变量有尽可能全面、广泛的认识和理解，而更深入的分析可以留待下一步的研究。

最终，本研究选择了七类10个效果变量。通过灾害救助政策公平感五个维度对这10个效果变量影响的研究，可初步得出如下结论。

第一，公平感对这七类10个效果变量均有显著的影响。这说明我们选择的效果变量是恰当的。同时也证实了公共政策公平感是政策受众最直接、最重要的主观感受和态度，对于政策受众与政策相关、非常广泛的其他态度和行为均有重要影响。

第二，基于本书第五章和第六章研究总结的灾害救助政策公平感的五个维度对效果变量都有各自不同的预测力。这也验证了法则关系的有效性，进一步证明了灾害救助政策公平感五维度测量量表的效度。

第三，虽然七类10个效果变量均受到多个公平感维度的影响，但从这些效果变量最主要的预测源来看，这些效果变量可归为三类。第一类，与政策受众对于公共政策直接的、个体化的反应有关，包括对政策的满意度、对执行政策干部的评价和信任等，分配公平是这些行为最主要的预测源。第二类，与政策受众对公共政策间接相关、更为社会化的反应有关,包括对政策的服从、积极参加救灾工作以及在救灾中帮助周围其他人等,人际公平和水平的信息公平是这些行为最主要的预测源。第三类,与政策受众与政策执行者的互动有关,包括向执行政策的干部提意见以及在政策执行中发生争执等,自上而下的信息公平是这些行为最主要的预测源。这一结论可与组织公平感理论中关于效果变量的3个模型进行比较,对政策直接、个体化的反应更为符合分配优势模型,分配公平主要影响这类行为,而与政策间接相关、社会化的行为更为符合代理—系统模型,人际公平和水平的信息公平是这类行为的主要预测源,与政策执行者的互动反应也更符合代理—系统模型,但自上而下的信息公平是这类行为的主要预测源。

第四,在五个公平感维度中,人际公平对多个效果变量都具有显著影响,并且除了争执行为外,均是正向的。这与第五章探索性因素分析的结果——人际公平是影响灾区群众公平感的最主要因素是一致的。由此进一步验证了在中国公共政策环境中,政策执行者对于政策受众的态度,如是否尊重和礼遇政策受众,对于政策受众的主观感受有特别重要的影响,甚至超过了公共政策对利益分配的影响。这为中国公共政策在实践中重视群众工作路线的经验提供了理论支持。

第五,水平的信息公平出乎意料的也是多个效果变量重要的预测源。水平的信息公平是本书在公共政策公平感研究中新纳入的在组织公平感研究中所没有的新维度。这一维度是公共政策区别于组织管理行为所具有的公共性所带来的新维度。它在理论上虽然与自上而下的信息公平同属于信息公平的范畴,但显然意义不同,公共政策的"公共"属性,使得政策受众与公共政策之间有了不经过政策执行者的直接关联。在中国公共治理的背景下,由于中央政府和地方政府间关系的复杂性,政策受众普遍存在"好经让歪嘴和尚念歪了"的忧虑,所以水平的信息公平具有了特殊的重要性。水平的信息公平对效果变量的重要影响验证了本书对公共政策公平感新发现的重要意义。

第六,分配公平是政策受众对于公共政策直接的、个体化的反应最主要的预测源，程序公平对大多数效果变量呈现负向影响，反映了在当前中国的公共政策背景下，政策受众对待公共政策的态度和行为很大程度上还是取决于政策带来的最终利益分配结果，而对程序公平则抱有更为复杂的认知和态度。这一结论与第五章对于程序公平的理论分析是一致的。

综上所述，本章的研究结果表明，灾害救助政策公平感各维度是灾区群众其他态度和行为强有力的预测源。本研究还验证了前面几章研究中提出的灾害救助政策公平感的理论模型的合理性。当然本章对于公共政策公平感效果变量的研究还比较初步，有待进一步的研究加以深化。

第八章
结　语

　　本书对于灾害救助政策评估的讨论告一段落。自从汶川地震以后，中国灾害救助政策发生了跃迁式的变化，这种变化给如何评价政策效果带来了新挑战。本书期望在政策评估理论和方法上有所创新，以应对这些挑战。无论生活质量还是公平感，本书均从不同侧面提出了新的政策评估视角，一定程度上解决了由于灾害救助水平的较大提高所带来的新挑战。这两个框架具有较为广泛的政策应用性，还可应用于更多类型公共政策的评估，对于一般性公共政策评估亦是重要的创新。

一　社会政策发展与公共政策评估

　　汶川地震后，中国灾害救助政策发生了跨越式的变化，救助程度从原来可称为非常微薄一下提升到较为慷慨的水平。这不是一种渐进的政策变化，而可称为跃迁式的。正如第一章所讨论的，其背后是灾害救助的主导思想发生了根本性变化，基于"科学发展、以人为本"的执政原则，政府对受灾群众的救助责任获得了更为普遍的认可和制度确认。然而灾害救助政策的这种变化在解决了以往救助标准过低的问题后，也带来的新的问题。首先是原有的政策绩效评价标准失效了。我国曾经在相当长一段时期内救助标准过低，是因为政府把对灾害救助的责任放在了次要、辅助性的位置，因此评价灾害救助政策的标准最重要的是投入指标。救助总金额的多寡直接代表了政府实施这一政策的努力程度，可以有效评价政策绩效了。此外，也可以用政策产出作为评价政策绩效的指标，如救助的人数、补贴重建农房的间数等。但当救助标准大幅度提高后，显然救助总金额就不能充分反映政府实施救助政策的努力程度了。同样，当救助标准大幅提高后，救助的覆盖面也必然相应大为扩展达到较为普惠的程度，救助人数等政策直接产出指标也无法有效评价政策绩效了。其次，更具挑战性的问题是随着救助标准的大幅提高，做出这样重大政策改进的政府部门很自然会期望获得救助对象更高的评价，然而从政策实践结果看，受到救助的受灾群众虽然评价不是更差，但至少没有对大幅提高标准的救助政策给予如实施政策的政府部门所期望的高评价。本书所提出的两个灾害救助政策评估的新框架主要就是针对这两个新问题。生活质量框架解决的是当救助标准提高到超越最基本的有饭吃、有水喝等需求水平时，如何有效评价救助效果的问题。公平感框架是回答为什么救助标准大幅提高却没有得到救助对象的高评价反馈的问题。

灾害救助政策所面临的这两个新挑战并非限于灾害救助政策，而是中国当代社会政策普遍面临的两个问题。汶川地震后，中国的灾害救助政策之所以会出现跃迁式的变化，其中有汶川地震本身造成的惨重伤亡及其形成巨大社会影响的因素，但根本原因是进入21世纪以来，"以人为本"执政理念的提出和贯彻的政策实践。经济增长达到一定水平后，社会发展进步必然从简单的物质上量的增长转向满足人们更全面、更复杂的需求方面。这种社会发展目标的转变体现在公共政策方面就是社会政策的兴起。于是，进入21世纪后，党和政府提出了科学发展观和"以人为本"，并普遍地强调和重视保障和改善民生，于是大量的社会政策获得成倍的资源投入，解决了大量群众最关心、最直接、最现实的利益问题。但社会政策的蓬勃发展同样直接带来两个问题。第一，以投入的多少来评价社会政策的优劣越来越呈现不足，必须提出新的评价指标来代替原有的投入等指标来评估这些快速发展的社会政策。第二，投入巨大的社会政策没有获得预想中那么高的群众的正面反馈，反而在不同程度上形成了新的社会矛盾，必须找到造成这种现象的原因并有效改进社会政策。本书提出的两个公共政策评估框架，对于解决当前社会政策所面临的这两个问题同样有效。生活质量框架提供了一个有效评价社会政策效果的公共政策评估理论框架，据此而建立的评估指标体系，可以在理论和实践两个方面评价民生改善程度。公平感框架则提供了一个从政策受众视角全面评价社会政策实施过程的公共政策评估理论框架，可以有效分析造成群众对社会政策不公平程度感知的原因，进而可以对政策实施的具体环节提出有针对性的改进建议。

从政策属性归类看，灾害救助政策也属于社会政策。因为巨灾具有突发性和社会影响大等特殊性，汶川地震后灾害救助政策所面临的政策评估方面的挑战格外凸显。灾害救助政策出现的新问题也是社会政策所面临的普遍性问题，而本书针对灾害救助政策面临的新问题所提出的新框架也理应具有对社会政策的普遍适用性。

从发达国家相关政策发展的经验看，亦曾经历过类似的挑战。以美国为例，第二次世界大战之后，资本主义进入发展的黄金时期，经济获得高速增长，在物质水平飞速提高的同时，社会公众对于社会发展的需求日益强烈起来，许多社会学家以及经济学家，开始批判长期以来指导政府政策制定的经济指标的局限性，称其不能提供有效评价社会全面发展的信息，特别是不能提供有关社会发展质量的信息。与此同时，从20世纪50年代肯尼迪执政时期到60年代约翰逊执政时期，卫生、教育和社会福利等社会政策日益受到重视，特别是约翰逊提出的"伟大社会"政纲，推动了美国社会政策出现飞跃式发展。与之而来的是对大量政府社会项目和社会政策进行有效评估的强烈需求。正是在这样的背景下，美国社会研究领域掀起了影响深远的社会指标运动。社会指标运动的最重要产出是对生活质量指标的研究，将个人的幸福作为评价社会发展及社会政策的中心或出发点。从生活质量概念提出以来，就存在着客观指标和主观指标的争论。20世纪70年代之后，随着西方发达国家"新公共管理"运动的兴起，"顾客满意"成为重要的执政原则，相应的，对政府绩效和公共政策评估也从以政府为中心转向以公众为导向。20世纪90年代后，由于"顾客优先"原则越来越受到西方各国政府重视，公共政策评估转向以公众为中心，以公众满意为政府绩效的终极标准，评估过程有公众的广泛参与（Denhardt & Denhardt，2000）。相应的，评估指标也偏好公众主观测量指标，以求直接反映公众评价结果。

对比以美国为代表的西方发达国家公共政策评估发展经验，与本书提出的生活质量和公平感两个公共政策评估框架具有内在的一致性。这不是简单的巧合，一方面本书针对灾害救助政策评估出现的新问题的解决，是以源于西方的现代公共政策评估理论为基础，另一方面我国灾害救助政策评估所面临的问题，乃至社会政策所面临的问题，与西方发达国家在社会发展领域曾面临的公共政策评估问题，本质上具有一致性。因此从公共政策评估发展的一般性规律来看，本书所提出的新框架虽然是基于灾害救助政策，但是针对特定阶段公共政策评估所面临的普遍性问题，具有一定的适用性。

二 公共政策公平感

虽然本书提出的第二个评估框架也是针对公众或政策受众的主观测量指标，但并没有使用在西方发达国家政府绩效和公共政策评估中普遍使用，在我国一些政府绩效和公共政策评估中也开始探索使用的满意度指标，而是引入了一个在公共政策领域较为罕见的公平感指标。这不是刻意的标新立异，而是针对公共政策的本质和在我国社会主义根本制度深入分析的基础上采用的更为恰当的主观测量指标。

公共政策的本质是利益分配。宁骚总结：现代公共政策所具有的多种规定性中起决定性作用的是"公共政策是公共权力机构为了一定的目标而进行的社会资源的配置和社会价值的分配"（宁骚，2000）。其中，社会资源的配置指投入公共政策的人力、物力、财力资源的调配和组合，社会价值的分配指随着政策目标的实现而获取的政策收益在不同社会群体间的分布。无论政策的投入还是产出，都是围绕利益展开的。Easton 定义公共政策是政治系统权威性决定的输出，因此公共政策是对全社会价值做有权威的分配（Easton，1971）。此定义包含四层内容：公共政策的实质是分配；分配的内容是价值；分配面向全社会；分配的行为与结果具有权威性。陈庆云在此基础上归纳认为"利益"是公共政策的核心要素（陈庆云，2006）。公共政策的过程取向本质也与公共利益取向相一致。总之，公共政策的本质是对全社会的利益分配，而不是其他分配；是基于在多种利益关系上的有选择的利益分配，而不是盲目的分配；是通过综合各种利益矛盾后的利益分配，而不是孤立地就事论事式的分配；是要在实践中得到兑现的利益分配，而不是口头或纸面上的利益分配。当然，公共政策也具有增进社会利益的功能，但增进社会利益的基础是分配社会利益，以利益分配为主，利益增进为辅。

公共政策的本质反映了政府的本质。戴伊认为，公共政策就是政府决定做的或者不做的事情（Dye，1992）。这一定义看似肤浅，但道出公共政策与政府间的核心关系。马克思主义理论认为，国家是阶级统治的工具。国家作为社会组织的最高级形式，必然具有政治统治和公共管理的双重职能。其中政治统治是根本性职能，为首要，公共管理是功能性职能，为辅助。而政府[①]作为国家的统治机构，是国家

[①] 本节中的政府均是指广义的政府，是所有公共机关的总和，代表着社会公共权力。

职能的具体实践主体，亦必须同时承担政治统治和公共管理的职责。公共政策所具有的利益分配和利益增进功能对应于政府政治统治和公共管理的职责。政府为了实现政治统治和公共管理职责所采取的行动就是具有利益分配和利益增进功能的公共政策。

西方国家在自身的政治实践中，随着资本主义经济基础的发展及外部环境的变化，一定程度上片面夸大了政府公共管理的职责而掩饰了其政治统治的职责。在"新公共管理"运动中，这种趋势尤为明显，其极端表现就是把政府视为单纯的公共管理者和公共服务提供者，而将公众视为市场化的"顾客"。在这种背景下，商业管理中的"顾客满意度"指标就被引入公共管理中作为主观测量指标用于评价政府绩效。同样，对于公共政策评估也出现了片面强调增进社会利益的功能而引入满意度作为公众主观评价公共政策主要指标的潮流。

然而，满意度指标显然并不能直接反映公众对于公共政策利益分配过程和结果的主观感知。人们对于自身获得利益的多寡或增减的态度绝非满意或不满意，而是公平或不公平。公共政策的本质要求公平分配社会利益，最有效评价公共政策的公众主观指标必然是公平感。

中国的根本制度是社会主义制度，当代中国，中国共产党及国家政权是工人阶级和人民群众根本利益的代表作和维护者。中国共产党和政府制定的各项方针政策代表和反映了广大人民群众的根本利益。因此，在当代中国，对于公共政策的根本要求是公平正义，相应的，评价公共政策最有效的公众主观指标也必然是公平感。

三　进一步的研究

本书所建构的灾害救助政策评估的两个新框架，还需要进一步的研究来丰满和完善。

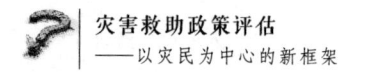

（一）灾害救助政策评估方法的完善

本书并非对汶川地震和玉树地震灾害救助政策的完整评估，而主要探讨当我国灾害救助政策发生跨越式变迁后进行政策评估所需要解决的重大理论性问题。因此，本书仅给出了两个灾害救助政策评估的新框架。公共政策评估即是一种具有明确形式化要求的公共政策活动，也是综合应用社会科学理论和方法于公共政策实践的技能。因此，要将本书所提出的灾害救助政策评估新框架应用于具体的灾害救助政策评估实践中，还需要进一步完善基于生活质量和公平感新框架的灾害救助政策评估方法。这一工作包括评估方案的设计、驱动评估理论的进一步阐述和构造、评估指标体系的完善、评估过程控制的组织以及对评估结果使用和传播方式的分析等。值得强调的是，由于公共政策评估的特性，灾害救助政策评估方法的完善需要与实际的灾害救助政策评估实践紧密结合。

（二）向其他社会政策评估扩展

虽然灾害救助政策也属于一类社会政策，但灾害救助政策与其他类别社会政策相比存在较多的特殊性。首先，灾害救助政策基于非常特殊的事件背景下，造成特定灾害救助政策的制定和实施具有突发性、不确定性和紧迫性等特性。其次，灾害救助政策的政策对象相对而言范围明确、容易界定、数量有限。即便像汶川地震这样的巨灾，虽然在灾害救助对象确定的实践中，也出现多种问题，但与城乡低保制度这类的社会政策相比，在政策对象目标定位方面所遇到的困难和问题就要少得多。最后，灾害救助政策内在的"需要—救助"结构虽然在社会政策中属于较为常见的结构，但还有许多类别的社会政策具有不同的内在结构，如"损害—补偿""贡献—报酬""义务—权利"等。

因此，虽然本书所提出的生活质量和公平感框架对于所有社会政策的评估具有普适性，但如果要扩展应用于其他社会政策的评估，还需要进一步的研究和调整。从由易到难或调整程度由小到大的顺序看，这一扩展可沿如下步骤进行。首先，从灾害救助政策扩展到其他灾害相关社会政策，如恢复重建补偿政策等。其次，从灾害相关社会政策扩展到其他具有或部分具有"需要—救助"结构的社会政策，如最低生活保障制度、医疗救助政策等。最后，从具有"需要—救助"结构的社会政策扩展到其他结构类型的社会政策，如扩展到社会保险政策等。

（三）多种主观评价指标的综合

虽然公共政策的本质是利益分配，但现代公共政策不是直接、简单乃至粗暴的分配利益，而是一个包含利益选择、利益综合、利益分配和利益落实的动态过程，在这一过程中也确实包含着增进社会利益的功能。因此，要综合评估公共政策，从政策对象主观评价的角度，也同时包含着对利益分配是否公平的感知和对利益增进是否满意的感知。政策对象的公平感主要针对前者，而后者可以用满意度进行评价。因此，为了更有效、准确和全面评价公共政策，还需要综合包括公平感和满意度的多种主观评价指标。

值得注意的是，包括公平感和满意度等的主观评价指标本身均是描述人们心理感知的潜变量，本身都具有综合性、无法直接测量等特性。因此，在测量这些潜变量时，不可避免出现高度相关性等问题。这将是综合多种主观评价指标的研究所需要解决的重要问题。

参考文献

ABS (2001), *Measuring Wellbeing: Frameworks for Australia Social Statistics*, Canberra: Australian Government Printing Service.

Adams, J. Stacy (1965), Inequity in Social Exchange, *Advances in Experimental Social Psychology*, Vol. 2, 267 – 299.

Agyeman, Julian, & Evans, Bob (2004), "Just Sustainability": The Emerging Discourse of Environmental Justice in Britain? *The Geographical Journal*, 170 (2), 155 – 164.

Alexander, Sheldon, & Ruderman, Marian (1987), The Role of Procedural and Distributive Justice in Organizational Behavior, *Social Justice Research*, 1 (2), 177 – 198.

Alford, J. (2002), Defining the Client in the Public Sector: A Social-Exchange Perspective, *Public Administration Review*, 62 (3), 337 – 346.

Allen, Natalie J., & Meyer, John P. (1990), The Measurement and Antecedents of Affective, Continuance and Normative Commitment to the Organization, *Journal of Occupational Psychology*, 63 (1), 1 – 18.

Aquino, Karl, Lewis, Margaret U., & Bradfield, Murray. (1999), Justice Constructs, Negative Affectivity, and Employee Deviance: A Proposed Model and Empirical Test, *Journal of Organizational Behavior*, 20 (7), 1073 – 1091.

Aquino, Karl, Lewis, Margaret U. , Bradfield, Murray, & Aquino, K. , M. U. Lewis, et al. (1999), "Justice Constructs, Negative Affectivity, and Employee Deviance: A Proposed Model and Empirical Test", *Journal of Organizational Behavior*, 20 (7): 1073 - 1091.

Bagozzi, R. P. , Yi, Y. (1988), On the Evaluation of Structural Equation Models, *Journal of the Academy of Marketing Science*, 16, 76 - 94.

Ball, Gail A. , Trevino, Linda Klebe Sims Jr. , Henry P. (1993), Justice and Organizational Punishment: Attitudinal Outcomes of Disciplinary Events, *Social Justice Research*, 6 (1), 39 - 67.

Barry, Brian (1989), *Theories of Justice*, Berkeley: University of California Press.

Bauer, A. E. , Raymond (1966), *Social Indicators*, Cambridge: MIT Press.

Bies, R. J. (2001), Interactional Justice: The Sacred and the Profane, *Advances in Organizational Justice*, 89 - 118.

Bies, Robert J. , & Moag, J. F. (1986), Interactional Justice: Communication Criteria of Fairness, *Research on Negotiations in Organizations*, 43 - 55.

Bies, Robert J. , & Shapiro, D. L. (1987), Interactional Fairness Judgments: the Influence of Causal Accounts, *Social Justice Research*, 1 (2), 199 - 218.

Birkland, Thomas A. (1997), *After Disaster: Agenda Setting, Public Policy, and Focusing Events*, Washington, D. C. : Georgetown University Press.

Blau, P. (1964), *Exchange and Power in Social Life*, New York: Wiley.

Bobocel, D. R. , & Holmvall, C. M. (2001), Are Interactional Justice and Procedural Justice Different? Framing the Debate, *Theoretical* and Cultural Perspectives on Organizational Justice, 85 – 108.

Bowen, W. M., & Wells, M. V. (2002), The Politics and Reality of Environmental Justice: A History and Considerations for Public Administrators and Policy Makers, *Public Administration Review*, 62 (6), 688 – 698.

Bowling, A. (1995), *Measuring Disease-specific Quality of Life Measurements*, Buckingham: Open University Press.

Brighouse, Harry (2004), *Justice*, Cambridge: Polity Press.

Calman, K. C. (1984), Quality of Life in Cancer Patients: An Hypothesis, *Journal of Medical Ehics*, 10, 124 – 127.

Campbell, Angus, Converse, Philip E., & Rodgers, Willard L. (1976), *The Quality of American Life: Perceptions, Evaluations, and Satisfactions*, New York: Russell Sage Foundation.

Capeheart, Loretta, & Milovanovic, Dragan. (2007), *Social Justice: Theories, Issues and Movements*, New Brunswick: Rutgers University Press.

Colquitt, Jason A. (2001), On the Dimensionality of Organizational Justice: A Construct Validation of A Measure, *Journal of Applied Psychology*, 86 (3), 386 – 400.

Colquitt, Jason A., Conlon, Donald E., Wesson, Michael J., Porter, O. L. H., & Ng, K. Yee. (2001), Justice at the Millennium: A Meta-analytic Review of 25 Years of Organizational Justice Research, *Journal of Applied Psychology*, 86 (3), 425 – 445.

Colquitt, Jason A., Greenberg, Jerald, & Zapata-Phelan, Cindy P. (2005), What is Organizational Justice? A Historical Overview, *Handbook of Organizational Justice*, 3 – 56.

Colquitt, Jason A., Noe, Raymond A., & Jackson, Christine L. (2002), Justice in Teams: Antecedents and Consequences of Procedural Justice Climate, *Personnel Psychology*, 55 (1), 83 – 109.

Conlon, Donald E. (1993), Some Tests of the Self-Interest and Group-Value Models of Procedural Justice: Evidence from An Organizational Appeal Procedure, *The Academy of Management Journal*, 36 (5), 1109 – 1124.

Cremer, David De, & Alberts, Hugo J. E. M. (2004), When Procedural Fairness does not Influence How Positive I feel: The Effects of Voice and Leader Selection As A Function of Belongingness Need, *European Journal of Social Psychology*, 34 (3), 333 – 344.

Cropanzano, R., & Greenberg, J. (1997), Progress in Organizational Justice: Tunneling Through the Maze, *International Review of Industrial and Organizational Psychology*, 12, 317 – 372.

Cropanzano, Russell, & Ambrose, Maureen L. (2001), Procedural and Distributive Justice are More Similar than You Think: A Monistic Perspective and A Research Agenda, *Advances in Organization Justice*, 119 – 151.

Cropanzanoa, Russell, Byrnea, Zinta S., Bobocelb, D. Ramona, & Ruppc, Deborah E. (2001), Moral Virtues, Fairness Heuristics, Social Entities, and Other Denizens of Organizational Justice, *Journal of Vocational Behavior*, 58 (2), 164 – 209.

Cummins, R. A. (1997), *The Comprehensive Quality of Life Scale-Intellectual Disability* (5th ed.), Toorak: Deakin University School of Psychology.

Cummins, Robert A. (2000), Objective and Subjective Quality of Life: An Interactive Model, *Social Indicators Research*, 52, 55 – 72.

Dailey, Robert C., & Kirk, Delaney J. (1992), Distributive and Procedural Justice as Antecedents of Job Dissatisfaction and Intent to Turnover, *Human Relations*, 45 (3), 305 – 317.

Denhardt, R. B., & Denhardt, J. V. (2000), The New Public

Service: Serving Rather than Steering, *Public Administration Review*, 60 (6), 549 – 557.

Deutsch, Morton (1975), Equity, Equality, and Need: What Determines Which Value Will be Used as The Basis of Distributive Justice? *Journal of Social issues*, 31 (3), 137 – 149.

Diener, E., & Suh, Eunkook (1997), Measuring Quality of Life: Economic, Social, and Subjective Indicators, *Social Indicators Research*, 40, 189 – 216.

Douthitt, Elizabeth A., & Aiello, John R. (2001), The Role of Participation and Control in the Effects of Computer Monitoring on Fairness Perceptions, Task Satisfaction, and Performance, *Journal of Applied Psychology*, 86 (5), 867 – 874.

Doyal, Len, & Gough, Ian. (1991), *A Theory of Human Need*, New York: Guiford Press.

Dye, Thomas R. (1992), *Understanding Public Policy*, Englewood Cliffs, N. J.: Prentice-Hall.

Earley, P. Christopher, & Lind, E. Allan (1987), Procedural Justice and Participation in Task Selection: The Role of Control in Mediating Justice Judgments, *Journal of Personality and Social Psychology*, 52 (6), 1148 – 1160.

Easton, David (1971), *The Political System: An Inquiry into the State of Political Science*, New York: Knopf.

Estrella, Marisol, & Gaventa, John (1999), *Who Counts Reality? Participatory Monitoring and Evaluation: A Literature Review*, IDS Working Paper, Institute of Development Studies, Brighton.

Felce, D., & Perry, J. (1993), *Quality of Life: A Contribution to its Definition and Measurement: Mental Handicap in Wales-Applied Research Unit*, University of Wales College of Medicine.

Festinger, Leon (1957), *A Theory of Cognitive Dissonance*, Stanford: Stanford University Press.

Folger, Robert (1987), Distributive and Procedural Justice in The Workplace, *Social Justice Research*, 1 (2), 143 – 159.

Folger, Robert (2001), Fairness as Deonance, *Research in Social Issues in Management*, 3 – 31.

Folger, Robert, & Cropanzano, R. (2001), Fairness Theory: Justice as Accountability, *Advances in Organizational Justice*, 1 – 55.

Folger, Robert G., & Cropanzano, Russell (1998), *Organizational Justice and Human Resource Management*, Sage Publications, Inc.

Folger, Robert, & Konovsky, M. (1989), Effects of Procedural and Distributive Justice on Reactions to Pay Raise Decisions, *Academy of Management Journal*, 32 (1), 115 – 130.

French, Wendell L. (1978), *The Personnel Management Process: Human Resources Administration and Development*, Houghton Mifflin.

Fritz, Charles E. (1961), Disaster, *Contemporary Social Problems*, New York: Harcourt.

Frost, S. E., McGraw-Hill. (1972), *Masterworks of Philosophy*: McGraw-Hill.

Gellatly, I. R. (1995), Individual and Group Determinants of Employee Absenteeism: Test of A Causal Model, *Journal of Organizational Behaviour*, 16 (5), 469 – 485.

Gostin, L. O., & Powers, M. (2006), What Does Social Justice Require for the Public's Health? Public Health Ethics and Policy Imperatives, *Health Affairs*, 25 (4), 1053 – 1060.

Greenberg, J, & Colquitt, J. (2005), *Handbook of Organizational Justice*: Lawrence Erlbaum.

Greenberg, J. (1978), Effects of Reward Value and Retaliative

Power on Allocation Decisions: Justice, Generosity, or Greed? *Joural of Personality and Social Psychology*, 36, 367 – 379.

Greenberg, J. (1987), A Taxonomy of Organizational Justice Theories, *Academy of Management Review*, 12 (1), 9 – 22.

Greenberg, J., Bies, R. J., & Eskew, D. E. (1991), Establishing Fairness in the Eye of the Beholder: Managing Impressions of Orgnizational Justice, *Applied Impression Management: How Image Making Affects Managerial Decisions*, 111 – 132.

Greenberg, Jerald (1990), Organizational Justice: Yesterday, Today, and Tomorrow, *Journal of Management*, 16 (2), 399 – 432.

Greenberg, Jerald. (1993), The Social Side of Fairness: Interpersonal and Informational Classes of Organizational Justice, *Justice in the Workplace: Approaching Fairness in Human Resource Management*, 79 – 103.

Greenberg, Jerald (1994), Using Socially Fair Treatment to Promote Acceptance of A Work Site Smoking Ban, *Journal of Applied Psychology*, 79 (2), 288 – 297.

Greenberg, Jerald, & Leventhal, Gerald S. (1976), Equity and the Use of Over-reward to Motivate Performance, *Journal of Personality and Social Psychology*, 34 (2), 179 – 190.

Gregory, Derek, Johnston, Ron, Pratt, Geraldine, & Watts, Michael (Eds.) (2009), *Dictionary of Human Geography* (5th ed.), Oxford: Wiley-Blackwell.

Guba, E. G., & Lincoln, Y. S. (1989), *Fourth Generation Evaluation*, Neubury Park: Sage.

Hagerty, M. R., Cummons, R. A., Ferriss, A. L., Land, K., Michalos, A. C., & Peterson, M. (2001), Quality of Life Indexes for National Policy: Review and Agenda for Research, *Social Indicators Research*, 55, 1 – 96.

Halliday, John (2004), Distributive Justice and Vocational Education, *British Journal of Educational Studies*, 52 (2), 151-165.

Hart, H. L. A., Green, Leslie, Raz, Joseph, & Bulloch, Penelope A. (2012), *The Concept of Law*, Oxford University Press.

Homans, George C. (1958), Social Behavior As Exchange, *American Journal of Sociology*, 63, 597-606.

Homans, George Caspar, & Merton, Robert King (1961), *Social Behavior: Its Elementary Forms*, New York: Harcourt, Brace and World.

House, E. R. (1980), *Evaluation with Validity*, Beverly Hill: Sage.

Howlett, Michael, & Ramesh, M. (2003), *Studying Public Policy: Policy Cycles and Policy Subsystems*, Oxford University Press.

Kline, R. B. (Ed.) (1998), *Principles and Practice of Structural Equation Modeling*, New York: The Guilford Press.

Konovsky, Mary A., & Pugh, S. Douglas (1994), Citizenship Behavior and Social Exchange, *The Academy of Management Journal*, 37 (3), 656-669.

Labadie, John R. (2008), Auditing of Post-disaster Recovery and Reconstruction Activities, *Disaster Prevention and Management*, 17 (5), 575-585.

Lazarus, RJ. (1992), Pursuing "Environmental Justice": The Distributional Effects of Environmental Protection, *Nw. UL Rev.*, 87, 787-1415.

Lerner, Melvin J. (1977), The Justice Motive: Some Hypotheses as to Its Origins and Forms, *Journal of Personality*, 45 (1), 1-52.

Leung, Kwok, Tong, Kwok-Kit, & Lind, E. Allan (2007), Realpolitik Versus Fair Process: Moderating Effects of Group Identification on Acceptance of Political Decisions, *Journal of Personality and Social Psychology*, 92, 476-489.

Leventhal, G. S. (1976), The Distribution of Rewards and Resources in Groups and Organizations, *Advances in Experimental Social Psychology*, Vol. 9, 91 – 131.

Leventhal, G. S. (1980), What Should be Done with Equity Theory? New Approaches to the Study of Fairness in Social Relationships, *Social Exchange*: *Advances in Theory and Research*, 27 – 55.

Leventhal, Gerald S., Karuza, Jurgis, & Fry, Wil-liam R. (1980), Beyond Fairness: A Theory of Allocation Preferences, *Justice and Social Interaction*: *Experimental and Theoretical Contributions*, *Psychological Research*, 167 – 218.

Leventhal, G. S. (1976), The Distribution of Rewards and Resources in Groups and Organizations1, *Advances in Experimental Social Psychology*, 9, 91 – 131.

Lind, E. A., Kulik, C. T., Ambrose, Maureen, & Park, Maria V. de Vera. (1993), Individual and Corporate Dispute Resolution: Using Procedural Fairness as a Decision Heuristic, *Administrative Science Quarterly*, 38 (2), 224 – 251.

Lind, E. Allan, & Van den Bos, Kees (2002), When Fairness Works: Toward a General Theory of Uncertainty Management, *Research in Organizational Behavior*, 24, 181 – 223.

Lind, E. Allan, & Tyler, Tom R. (1988), *The Social Psychology of Procedural Justice*, Springer.

Lind, E. A., & Tyler, T. R. (1988), *The Social Psychology of Procedural Justice*, Springer US.

Lipsky, M. (1980), *Street-level Bureaucracy*: *Personal Confusion in Public Service*, New York: Russel Sage Foundation.

Lustig, Nora. (2000), Protecting the Poor Against Natural Disasters, *Social Protection for Equity and Growth*, Washington, D. C.: Inter-American Development Bank.

Markovsky, B. (1985), Toward a Multilevel Distributive Justice Theory, *American Sociological Review*, 50, 822-839.

Martocchio, J. J., & Judge, T. A. (1995), When We Don't See Eye to Eye: Discrepancies between Supervisors and Subordinates in Absence Disciplinary Decisions, *Journal of Management*, 21 (2), 251-278.

Mashaw, J. L. (1983), *Bureaucratic Jastice*, New Haven: Yale University Press.

Maslow, Abraham. (1970), *Motivation and Personality*, New York: Harper & Row.

Masterson, Suzanne S., Lewis, Kyle, Goldman, Barry M., & Taylor, M. Susan. (2000), Integrating Justice and Social Exchange: The Differing Effects of Fair Procedures and Treatment on Work Relationships, *The Academy of Management Journal*, 43 (4), 738-748.

Mathis, R. (2007), Social Justice: The Moral Foundations of Public Health and Health Policy, *Health Affairs*, 26 (1), 291-292.

May, Peter J. (1985), *Recovering from Catastrophes: Federal Disaster Relief Policy and Politics*, Westport, Connecticut: Greenwood Press.

McFarlin, Dean B., & Sweeney, Paul D. (1992), Distributive and Procedural Justice as Predictors of Satisfaction with Personal and Organizational Outcomes, *The Academy of Management Journal*, 35 (3), 626-637.

Moorman, R. H. (1991), Relationship between Organizational Justice and Organizational Citizenship Behaviors: Do Fairness Perceptions Influence Employee Citizenship? *Journal of Applied Psychology*, 76, 845-855.

Mossholder, Kevin W., Bennett, Nathan, Kemery, Edward R., & Wesolowski, Mark A. (1998), Relationships Between Bases of Power and Work Reactions: The Mediational Role of Procedural Justice, *Journal of Management*, 24 (4), 533 – 552.

Naumann, Stefanie E., & Bennett, Nathan. (2000), A Case for Procedural Justice Climate: Development and Test of a Multilevel Model, *The Academy of Management Journal*, 43 (5), 881 – 889.

Niehoff, B., & Moorman, R. (1993), Justice as a Mediator of the Relationship between Methods of Monitoring and Organizational Citizenship Behavior, *Academy of Management Journal*, 36 (3), 527 – 556.

Ones, Deniz S. (2002), Introduction to the Special Issue on Counterproductive Behaviors at Work, *International Journal of Selection and Assessment*, 10 (1 – 2), 1 – 4.

Organ, Dennis W. (1988), *Organizational Citizenship Behavior: The Good Soldier Syndrome*, Lexington Books.

Phillips, David. (2006), *Quality of Life: Concept, Policy and Practice*, Routledge.

Podsakoff, Philip M., MacKenzie, Scott B., Paine, Julie Beth, & Bachrach, Daniel G. (2000), Organizational Citizenship Behaviors: A Critical Review of the Theoretical and Empirical Literature and Suggestions for Future Research, *Journal of Management*, 26 (3), 513 – 563.

Porter, Lyman W., & Lawler, Edward E. (1968), *Managerial Attitudes and Performance*, Homewood, Ⅲ: Richard D. Irwin, Inc..

Rawls, J. (1999), *A Theory of Justice*, Belknap Press.

Reis, H. T. (1986), Levels of Interest in the Study of Interpersonal Justice, *Justice in Social Relations*, 187 – 226.

Robbins, Tina L., Summers, Timothy P., Miller, Janis L., & Hendrix, William H. (2000), Short Research Note: Using the Group-value Model to Explain the Role of Noninstrumental Justice in Distinguishing the Effects of Distributive and Procedural Justice, *Journal of Occupation-*

al and Organizational Psychology, 73 (4), 511 - 518.

Roberts, James A., Coulson, Kevin R., & Chonko, Lawrence B. (1999), Salesperson Perceptions of Equity and Justice and Their Impact on Organizational Commitment and Intent to Turnover, *Journal of Marketing Theory and Practice*, 7 (1), 1 - 16.

Rosemary H. Lowe, & Vodanovich, Stephen J. (1995), A field Study of Distributive and Procedural Justice as Predictors of Satisfaction and Organizational Commitment, *Journal of Business and Psychology*, 10 (1), 99 - 114.

Rostow, W. W. 305 (1971), *Politics and the Stages of Growth*, New York: Cambridge University Press.

Ryan, A. 305 (1993), *Justice*, Oxford, England: Oxford University Press.

Saunders, M., & Thornhill, A. 305 (2003), Organisational Justice, Trust and the Management of Change: An Exploration, *Personnel Review*, 32 (3), 360 - 375.

Sen, Amartya (1982), *Choice, Welfare and Measurement*, Oxford: Blackwell.

Sen, Amartya (1992), *Inequality Re-examined*, Oxford: Clarendon Press.

Sen, Amartya (2009), *The Idea of Justice*, Cambridge: Harvard University Press.

Skarlicki, Daniel P., & Folger, Robert (1997), Retaliation in the Workplace: The Roles of Distributive, Procedural, and Interactional Justice, *Journal of Applied Psychology*, 82 (3), 434 - 443.

Skarlicki, Daniel P., Folger, Robert, & Tesluk, Paul. 305 (1999), Personality as a Moderator in the Relationship between Fairness and Retaliation, *The Academy of Management Journal*, 42 (1), 100 - 108.

Spicer, J. (Ed.), (2005), *Making Sense of Multivariate Data Analysis*, London: Sage.

Stehr, Steven D. (2006), The Political Economy of Urban Disaster Assistance, *Urban Affairs Review*, 41 (4), 492 – 500.

Stone, D. A. (2002), *Policy Paradox: The Art of Political Decision Making*, Norton New York.

Stone, Deborah (2012), *Policy Paradox: The Art of Political Decision Making* (3rd ed.), New York: Norton & Company Incorporated.

Stufflebeam, D. L., & Shinkfield, Anthony J. (2007), *Evaluation Theory, Models, and Applications*, San Francisco: Jossey-Bass.

Sweeney, P. D., & McFarlin, D. B. (1993), Workers' Evaluations of the "End" and "Means": An Examination of Four Models of Distributive and Procedural Justice, *Organizational Behavior and Human Decision Processes*, 55, 23 – 40.

Sweeney, Paul D., & McFarlin, Dean B. (1997), Process and Outcome: Gender Differences in the Assessment of Justice, *Journal of Organizational Behavior*, 18 (1), 83 – 98.

Tabachnick, Barbara G., & Fidell, Linda S. (Eds.) (2007), *Using Multivariate Statistics* (5th ed.), New York: Allyn and Bacon.

Taylor, M. Susan, Tracy, Kay B., Renard, Monika K., Harrison, J. Kline, & Carroll, Stephen J. (1995), Due Process in Performance Appraisal: A Quasi-experiment in Procedural Justice, *Administrative Science Quarterly*, 40 (3), 495 – 523.

Tepper, Bennett J. (2000), Consequences of Abusive Supervision, *The Academy of Management Journal*, 43 (2), 178 – 190.

Testa, M. A., & Nackley, J. F. (1994), Methods for Quality-of-life Studies, *Annual Review of Public Health*, 15, 535 – 559.

Thampi, Gopakumar Krishnan (2005), *Ensuring Effective Project Mo-*

nitoring & Evaluation in Tsunami Relief Operations - Exploring the Role of Community Feedback Echanisms, Paper Presented at the Curbing Corruption in Tsunami Relief Operations, Proceedings of the Jakarta Expert Meeting, Jakarta, Indonesia.

Thibaut, John W. , & Walker, Laurens (1975), Procedural Justice: A Psychological Analysis, Hillsdale: Lawrence Erlbaum Associates.

Towle, Charlotte (Ed.) (1965), Common Human Needs, Silver Spring, MD: National Association of Social Workers.

Turillo, Carmelo Joseph, Folger, Robert, Lavelle, James J., Umphress, Elizabeth E., & Gee, Julie O. (2002), Is Virtue Its Own Reward? Self-sacrificial Decisions for the Sake of Fairness, Organizational Behavior and Human Decision Processes, 89 (1), 839 - 865.

Tyler, T. R., & Bies, R. J. (1990), Beyond Formal Procedures: the Interpersonal Context of Procedural Justice, Applied Social Psychology and Organizational Settings, 77 - 98.

Tyler, Tom, Degoey, Peter, & Smith, Heather (1996), Understanding Why the Justice of Group Procedures Matters: A Test of the Psychological Dynamics of the Group-value Model, Journal of Personality and Social Psychology, 70 (5), 913 - 930.

Vakis, Renos (2006), Complementing Natural Disasters Management: The Role of Social Protection, Washington, DC: The World Bank Social Protection Paper No. 0543.

Van den Bos, Kees, Vermunt, & Wilke, Henk A. M. (1997), Procedural and Distributive Justice: What is Fair Depends More on What Comes First than on What Comes Next, Journal of Personality and Social Psychology, 72 (1), 95 - 104.

Walker, S. R. (1992), Quality of Life Measurement: An Overview, Journal of Royal Society of Health, 112, 265.

Weimer, David Leo, & Vining, Aidan R. (2010), *Policy Analysis: Concepts and Practice* (5th ed.), New York: Longman.

Welbourne, Theresa M., Balkin, David B., & Gomez-Mejia, Luis R. (1995), Gainsharing and Mutual Monitoring: A Combined Agency-organizational Justice Interpretation, *The Academy of Management Journal*, 38 (3), 881–899.

Wesolowski, Mark A., & Mossholder, Kevin W. (1997), Relational Demography in Supervisor-subordinate Dyads: Impact on Subordinate Job Satisfaction, Burnout, and Perceived Procedural Justice, *Journal of Organizational Behavior*, 18 (4), 351–362.

WHOQOL (1993), *WHOQOL Study Protocal*, Geneva: WHO.

Wolsink, M. (2007), Wind Power Implementation: The Nature of Public Attitudes: Equity and Fairness Instead of "Backyard Motives", *Renewable & Sustainable Energy Reviews*, 11 (6), 1188–1207.

World-Bank (1997), *World Development Indicators*, Washington, D. C.: World Bank.

Wu, X. N., Wang, E. P., Xu, H., & Zhou, J. S. (2009), Post-Disaster Risk Management: From the Perspective of Policy Acceptance of Earthquake Survivors in China, *16th International Conference on Industrial Engineering and Engineering Management*, Vols 1 and 2, Proceedings, 1269–1273.

Zapata-Phelana, Cindy P., Colquitt, Jason A., Scottc, Brent A., & Livingstonb, Beth (2009), Procedural Justice, Interactional Justice, and Task Performance: The Mediating Role of Intrinsic Motivation, *Organizational Behavior and Human Decision Processes*, 108 (1), 93–105.

〔英〕庇古：《福利经济学》，华夏出版社，2007。

〔英〕边沁：《论道德与立法的原则》，陕西人民出版社，2009。

〔英〕霍布斯：《利维坦》，商务印书馆，1985。

〔美〕加尔布雷斯：《丰裕社会》，上海人民出版社，1965。

〔美〕卡尔·A. 魏特夫：《东方专制主义：对于极权力量的比较研究》，中国社会科学出版社，1989。

〔美〕克莱默：《理念与公正——心理学，相对主义和政治》，东方出版社，1996。

〔美〕罗尔斯：《正义论》，中国社会科学出版社，1988。

马玉玲：《印度自然灾害救助项目和标准分析》，《中国减灾》2012年第2期。

〔英〕米切尔·黑尧：《现代国家的政策过程》，中国青年出版社，2004。

〔意〕尼古拉·阿克塞拉：《经济政策原理：价值与技术》，中国人民大学出版社，2001。

宁骚等：《公共政策》，高等教育出版社，2000。

〔美〕诺奇克：《无政府、国家和乌托邦》，中国社会科学出版社，2008。

陈庆云等：《公共政策分析》，北京大学出版社，2006。

陈庆云、戈世平、张孝德：《现代公共政策概论》，经济科学出版社，2004。

陈晓萍、徐淑英、樊景立：《组织与管理实证研究方法》，北京大学出版社，2008。

邓云特：《中国救荒史》，商务印书馆，1993。

风笑天、易松国：《武汉市居民生活质量分析》，《浙江学刊》1997年第2期。

国家减灾委员会、科学技术部抗震救灾专家组：《汶川地震灾害综合分析与评估》，科学出版社，2008。

国务院新闻办公室：《中国的减灾行动》，国务院新闻办公室，2009。

侯杰泰、温忠麟、成子娟：《结构方程模型及其应用》，教育科学出版社，2004。

胡荣：《厦门市居民生活质量调查》，《社会学研究》1996年第1期。

黄芳铭：《社会科学统计方法学——结构方程模式》，台北：五南，2005。

蒋春燕：《员工公平感与组织承诺和离职倾向之间的关系：组织支持感中介作用的实证研究》，《经济科学》2007年第6期。

李晔、龙立荣、刘亚：《组织公正感研究进展》，《心理科学进展》2003年第11期。

厉以宁：《社会主义政治经济学》，商务印书馆，1986。

廖永丰、聂承静、胡俊锋、杨林生：《灾害救助评估理论方法研究与展望》，《灾害学》2011年第26期。

林南、王玲、潘允康、袁国华：《生活质量的结构与指标——1985年天津千户户卷调查资料分析》，《社会学研究》1987年第6期。

刘晓、王家同：《汶川地震的应急障碍研究》，《军医进修学院学报》2011年第32期。

刘亚、龙立荣、李晔：《组织公平感对组织效果变量的影响》，《管理世界》2003年第3期。

卢淑华、韦鲁英：《生活质量主客观指标作用机制》，《中国社会科学》1992年第1期。

彭静、尹丽娟等：《汶川地震灾民心理健康调查》，《华西医学》2009年第24期。

邱皓政：《结构方程模式——LISREL的理论、技巧与应用》，台北：双叶书廊，2005。

邱皓政、林碧芳：《结构方程模型的原理与应用》，中国轻工业出版社，2009。

闪淳昌、薛澜等：《应急管理概论：理论与实践》，高等教育出版社，2012。

史培军：《论灾害研究的理论与实践》，《南京大学学报》（自然科学版）1991年第11期。

史培军：《再论灾害研究的理论与实践》，《自然灾害学报》1996年第5期。

孙倩、孙学礼等：《汶川地震后极重灾区居民心理健康状况评估》，《现代预防医学》2011年第38期。

孙绍骋：《中国救灾制度研究》，商务印书馆，2004。

王卫华、卢祖洵：《生命质量研究的现状与趋势》，《医学与社会》2005年第18期。

王相兰、陶炯等：《汶川地震灾民的心理健康状况及影响因素》，《中山大学学报》（医学科学版）2008年第29期。

王亚华：《水权解释》，上海三联书店，上海人民出版社，2005。

温盛霖、陶炯等：《四川汶川地震安置点灾民急性和创伤后应激症状及相关因素分析》，《中国自然医学杂志》2009年第11期。

吴明隆：《结构方程模型：AMOS的操作与应用》，重庆大学出版社，2009。

吴明隆：《问卷统计分析实务——SPSS操作与应用》，重庆大学出版社，2010。

吴姚东：《生活质量：当代发展观的新内涵——当地国外生活质量研究综述》，《国外社会科学》2000年第4期。

易松国：《生活质量研究进展综述》，《深圳大学学报》（人文社会科学版）1998年第15期。

赵高锋、杨彦春等：《汶川地震极重灾区社区居民创伤后应激障碍发生率及影响因素》，《中国心理卫生杂志》2009年第23期。

郑永寿：《浅谈自然灾害救助评估工作》，《中国减灾》2005年第6期。

周浩、龙立荣：《家长式领导与组织公正感的关系》，《心理学

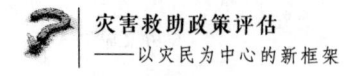

报》2007年第39期。

周长城:《社会发展与生活质量》,社会科学文献出版社,2001。

周长城、柯燕等:《客观生活质量:现状与评价——以澳门特区为例》,社会科学文献出版社,2008。

周长城、刘红霞:《生活质量指标建构及其前沿述评》,《山东社会科学》2011年第1期。

邹铭:《减灾救灾》,中国社会出版社,2009。

后　记

　　本书的研究始于 2008 年汶川地震。当时笔者在做灾区群众临时安置和过渡性安置的调研，跑了四川灾区十多个县的安置点，其中既有极重灾区也有重灾区，有农村的安置点也有城镇安置点，有本地安置点也有异地安置点。在调研过程中，笔者观察到一个看似矛盾的现象，灾区群众在普遍赞誉政府救灾工作的同时也存在一股怨气，其中最典型的就是针对灾害救助政策。当时民政部等已经下发并开始实施灾区困难群众临时生活救助政策。这个政策的力度可以说是空前的，救助水平不是一般的提高，可以用飞跃来形容；政策对象范围也是空前的，可以说达到了普惠的程度。然而，在灾区群众包括基层的村组干部中，总是能听到认为灾害救助不公平的声音。笔者认为这个问题对救灾工作非常重要，值得重视，于是最初结合调研工作，做了一些定性的研究，也提出加强对灾区群众期望管理等政策建议。然而笔者觉得通过实地调研进行的定性研究还是不够，还没有真正研究清楚这个问题，有必要对汶川地震灾害救助政策进行更为深入的政策评估。限于相关政府部门并没有启动一个正式的政策评估活动，我们只能结合自己相关的一些研究项目，自行开展对汶川地震灾害救助政策的评估研究。在研究中，我们找到了生活质量和公平感两个理论框架，并尝试打破国内传统的政策评估方式，以灾区群众为中心评估汶川地震灾害救助政策。实践证明，我们提出的新的评估理论框架是成立的，对于更深入理解灾害救助政策有不可替代的作用。但是由于理论框架的提出晚于汶川地震灾害救助政策实施，所以我们的研究还有诸多不完善之处。

2010年4月14日，发生了玉树地震。灾害虽然是悲剧，但也是一个难得的研究机遇。笔者指导的博士生任婧玲当时正在考虑论文选题，于是就建议她选择灾害救助政策公平感作为其博士论文的主题，把之前的研究深入做下去。由于从一开始目标就很明确，所以笔者和婧玲合作对玉树地震灾害救助政策公平感做了一个相对较好的研究设计，研究开展得很顺利，研究深度也达到了一个阶段性的程度。2012年6月，任婧玲顺利通过答辩，获得了博士学位。

之后，笔者和任婧玲商议将以灾民为中心的灾害救助政策评估的相关研究整理成一本专著出版。在整理过程中，我们也进一步加深了对理论和政策的理解，对之前的研究进行了大量修正和补充讨论，甚至重新写作，交稿时间推迟了许多。研究的完善和文字的修订总是可以不断继续，但终归要有告一段落的节点。留下的遗憾只能留待将来。

在本书的研究和写作过程中，得到了张秀兰教授的大力支持，包括为本书作序，张强、陆奇斌、王晓华、孟宪范、高颖和刘昕等老师在不同方面对本书研究提供了重要帮助，辛瑞萍、刘倩、何欢、吴苏锦、王东明、张欣亮和陈姣等同学在问卷调研、数据清理和分析等多方面参与了工作，社会科学文献出版社的邓泳红主任和陈晴钰编辑为本书出版付出了大量心血，在此一并感谢！

本书研究过程中，笔者的女儿UU出生，她和笔者的妻子都是笔者生命中最重要的部分。书稿完成后，欣闻任婧玲怀孕的消息。本书也献给我们深爱的和深爱我们的亲人！

张 欢

2013年11月于北京

图书在版编目(CIP)数据

灾害救助政策评估：以灾民为中心的新框架/张欢，任婧玲著. —北京：社会科学文献出版社，2014.2
ISBN 978 - 7 - 5097 - 5716 - 1

Ⅰ.①灾⋯ Ⅱ.①张⋯ ②任⋯ Ⅲ.①救灾 - 政策 - 评估 Ⅳ.①D57

中国版本图书馆 CIP 数据核字（2014）第 035378 号

灾害救助政策评估
—— 以灾民为中心的新框架

著　　者 /	张　欢　任婧玲
出 版 人 /	谢寿光
出 版 者 /	社会科学文献出版社
地　　址 /	北京市西城区北三环中路甲29号院3号楼华龙大厦
邮政编码 /	100029
责任部门 /	皮书出版分社　(010) 59367127　　责任编辑 / 陈晴钰　王　颉
电子信箱 /	pishubu@ ssap. cn　　　　　　　 责任校对 / 刘　青
项目统筹 /	邓泳红　　　　　　　　　　　　　 责任印制 / 岳　阳
经　　销 /	社会科学文献出版社市场营销中心　(010) 59367081　59367089
读者服务 /	读者服务中心 (010) 59367028
印　　装 /	北京鹏润伟业印刷有限公司
开　　本 /	787mm×1092mm　1/16　　　　　印　张 / 15.25
版　　次 /	2014 年 2 月第 1 版　　　　　　　字　数 / 212 千字
印　　次 /	2014 年 2 月第 1 次印刷
书　　号 /	ISBN 978 - 7 - 5097 - 5716 - 1
定　　价 /	49.00 元

本书如有破损、缺页、装订错误，请与本社读者服务中心联系更换

▲ 版权所有　翻印必究